마법의 심리테스트

Communication

나카지마 마스미 지음
명성현 옮김

이젠

| 들어가는 말 |

진심을 정확히 꿰뚫어보는 《마법의 심리 테스트 - Self testing》이 남녀노소를 불문하고 큰 사랑을 받았습니다.
스스로 테스트해보고 주변 사람들과 함께 하면서 즐겁고 재미있는 시간을 보내게 되었다고 실제로 많은 독자 여러분들께서 말씀해주셨습니다.
더 많은 심리 테스트가 있었으면 좋겠다는 독자 여러분의 요망에 부응하고자 이번에 두 번째 심리 테스트 책을 발간하게 되었습니다.
이 책은 특히 원만하고 행복한 인간관계를 형성하는 데 좋은 길잡이가 되어줄 여러 가지 주제들을 가지고 진단 결과를 정리했습니다. 테스트 내용은 모두 직접 고안하고 연구한 내용입니다.
지난번과 같이 '너무 전문적인 것도 싫고 장난으로 끝나는 가벼운 것도 아닌' 심리 테스트 책을 원하는 독자 여러분의 요구를 최대한 반영했습니다.
아무쪼록 즐겁고 유익한 심리 테스트가 되길 빕니다.

-나카지마 마스미

| CONTENTS |

들어가는 말　　　　　　　　　　　　　　　　　　3

제 1 장 난 지구인, 넌 외계인

Cartoon　너무 조심스러워서 진심으로 사람을 사귀지 못해요!　10

TEST 01	내가 받고 싶은 선물은?	12
TEST 02	외계인이 나타났다!	16
TEST 03	쓰레기를 어디에 버릴까?	20
TEST 04	어떤 동물을 선물할까?	24
TEST 05	어떤 방을 가장 신경 써서 꾸미고 싶은가?	28
TEST 06	동아리 활동을 한다면?	32
TEST 07	이제 살았어!	36
TEST 08	관리자의 험담을 마무리할 땐?	40
TEST 09	나는 의심 많은 사람?	44
TEST 10	주변 사람의 휴대폰 장식고리는 어떤 모양인가?	48
TEST 11	산속을 여행하면서	54

Column　칭찬할 때는 본인이 없는 곳에서　　　　　　60

제 2 장 내 진짜 성격이 이래?

Cartoon	정말? 나를 그렇게 생각했단 말이야?	62
TEST 12	벌거벗은 원시인에게 필요한 것은?	64
TEST 13	바다 위에 뜬 초승달	68
TEST 14	나비는 어디로 날아갈까?	72
TEST 15	어떤 음료수를 마실까?	76
TEST 16	손바닥은 무슨 의미?	80
TEST 17	잠들어 있는 동물은?	86
TEST 18	벚꽃을 보면서 읊고 싶은 시구	90
TEST 19	나의 자화상은?	94
TEST 20	공주 드레스를 입어볼 기회다!	100
TEST 21	서랍 속에 들어 있는 물건은?	104
TEST 22	나는 좋은 사람이라고 생각하는데?	108
Column	자기 영역을 지키려는 행동에서 성격을 안다	112

| CONTENTS |

제3장 이 사람이 내 사람일까?

Cartoon	나의 천생연분은 어디에?	114
TEST 23	어느 사과를 먹을까?	116
TEST 24	걸어갈까? 택시를 탈까?	120
TEST 25	데이트 코스를 골라보자	124
TEST 26	물고기는 어디로 돌아가고 싶을까?	130
TEST 27	나의 연인은 휴대폰을 어떻게 사용하나?	134
TEST 28	점심은 어떻게 해결할까?	138
TEST 29	어떻게 산 정상까지 갈까?	142
TEST 30	피자를 먹을까? 카레를 먹을까?	146
TEST 31	나는 드라마 작가	150
TEST 32	나에게 식사란 무엇인가?	156
TEST 33	이상적인 데이트는?	160
TEST 34	나는 왜 연애를 잘 못할까?	164
TEST 35	이 사람과 같이 살면?	170
Column	연애 속도가 빨라지는 '귀신의 집' 효과	178

제4장 스트레스를 푸는 테스트

Cartoon	더는 이런 관리자 밑에서 일하고 싶지 않아!	180
TEST 36	건전지는 얼마나 쓸 수 있을까?	182
TEST 37	듣고 싶지 않은 위로의 말은?	186
TEST 38	말하기 힘든 내용은 어떻게 전하나?	190
TEST 39	어린아이와 게임 대결!	194
TEST 40	길이 어긋난 첫 데이트	198
TEST 41	아침에 눈을 떠보니!	202
TEST 42	누가 먼저 다리를 건널까?	206
TEST 43	나도 리더가 될 수 있을까?	210
Column	최강의 팀을 구성하기 위한 조건	216

| CONTENTS |

제 5 장 내 인생은 왕과 왕비!

| Cartoon | 있는 그대로의 내 모습만큼 소중한 건 없어! | 218 |

TEST 44	터널 저편에는?	220
TEST 45	나의 전생은 누구였을까?	226
TEST 46	어떤 방향으로 여행을 떠날까?	230
TEST 47	무슨 색으로 종이학을 접을까?	234
TEST 48	관리자가 내 리포트를 평가하다	240
TEST 49	마법의 잔에 든 물을 먹어볼까?	244
TEST 50	용과 맞닥뜨린 공주의 운명은?	248

| Column | 내가 더 유능해지는 '자기 PR 리스트' | 254 |

제 1 장

"사람을 만나는 건 진짜 어려워요."

난 지구인, 넌 외계인

"너무 조심스러워서 진심으로 사람을 사귀지 못해요!"

행여나 미움을 살까봐 거절도 못하고 대충 맞장구를 치지는 않는지? 어쩌면 그래서 자기 의견을 말할 줄 모르는 사람으로 인식되고 있을지도 모른다.

Test 01

내가 받고 싶은 선물은?

친구에게 선물을 받는다면 다음 네 가지 중에서 가장 기분 좋을 선물은 무엇인가?

A 내 돈 주고 사기에는 아까운 화려한 꽃다발

B 아로마 목욕용품과 천연비누

C 과자와 와인 등 내가 좋아하는 먹을거리

D 세련된 디자인의 연필과 노트

Test 01 진단 결과

이 테스트를 통해 자신이 다른 사람에게 강요하고 있는 가치관이 무엇인지 알 수 있다.

내가 받아서 기분 좋은 선물은 다른 사람도 받았을 때 기분 좋을 것이라고 생각하기 쉽다. 이런 생각은 무의식적으로 다른 사람에게 강요하는 나만의 가치관일 수 있다.

A 선택한 사람

'사랑이 제일이야!' 친밀감을 강요하는 유형

서로의 기분을 헤아리고 마음을 터놓는 친밀한 관계를 좋아하며 이런 관계야말로 가장 소중하다고 생각한다. 그래서 이런 생각으로 타인들에게 "난 널 이렇게 좋아하는데!" 하며 자신의 감정을 밀어붙이면서 더 가까이 다가올 것을 강요한다.

B 선택한 사람

'바른 생활이 제일이야!' 정의를 강요하는 유형

스스로 잘못된 일, 비상식적인 일, 나쁜 일을 비누처럼 깨끗하게 씻어내야 한다고 굳게 믿고 있다. 이런 생각을 하고 있기에 언제나 "나는 정말 올바른 사람이야. 내 말을 들어야 해!" 하며 상대를 선도한다.

선택한 사람

'도움이 되지 않는 사람과는 만나지 않아!' 비정한 이론가

언제나 이해득실을 따져 이로운 것은 취하고 손해 보는 것은 버리는 실리주의자. 사람과 사귈 때도 자신에게 득이 될 사람만 골라 사귀고 그런 사람을 만나길 원한다. 그래서 "능력 없고 매력 없고 도움이 되지 않는 사람과는 결코 친구가 될 수 없어!" 하며 다른 사람들에게 비정한 인간관계를 강요한다.

선택한 사람

'귀찮은 건 딱 질색!' 내 프라이버시가 우선인 사람

큰 연관이 없는 세상 이야기라든가 다른 사람에 대한 소문을 화제로 올려 대화를 나누는 데 큰 거부감을 느낀다. 그래서 "별것도 아닌 일로 나를 귀찮게 하지 말아줘!" 하며 상대에게 좀더 수준 높은 대화를 하자며 엘리트적인 사고를 강요한다.

Test 02

외계인이 나타났다!

동네에 정체불명의 UFO가 착륙! 외계인이 나타나 의미를 알 수 없는 이상한 행동을 하기 시작했다. 이때 당신은 어떻게 할 것인가?

A 다른 동네로 피신한다.

B 숨어서 상황을 파악한다.

C 무장을 하고 싸울 준비를 한다.

D 우호적으로 다가가 친교를 맺는다.

Test 02 진단 결과

이 테스트를 통해 첫인상을 알 수 있다.
여기서 우주인을 대하는 태도는 우리가 평상시에 모르는 사람과 처음 만나는 사람에게 취하는 태도를 나타낸다.

똑똑해 보이지만 쉽게 접근하기 힘든 인상

다른 사람들과 쉽게 친해지지 않고 약간의 거리를 둔다. 따라서 처음 만난 사람들은 당신을 보고 '단정하고 똑똑해 보이지만 친하기는 힘든 사람'이라는 느낌을 받는다. 그러니 누군가 위화감을 주고 쉽게 친해질 수 없다는 생각이 들 때는 당신의 첫인상 때문에 이미 상대가 거리를 두고 있다는 의미이다.

착실하고 바르지만 속내를 알 수 없는 인상

다른 사람 앞에 서면 쉽게 긴장하기 때문에 솔직한 자기표현을 하기 어렵다. 그래서 처음 만난 사람들은 한결같이 당신이 바르고 착실한 사람이라고 느낀다. 예의바르고 정돈된 태도가 상대에게 좋은 인상을 남기기도 하지만 솔직함이 결여되면 오히려 속을 알 수 없는 사람으로 비춰질 수도 있다.

강하고 무서울 것 같은 인상

처음 만난 사람에게 도전적인 태도를 보이기 쉽고 때로는 공격적으로 다가가기도 한다. 이렇게 강한 인상은 카리스마 넘치고 리더십이 있는 사람으로 비춰질 수도 있지만, 사람에 따라서는 애교가 없고 무서운 사람이라고 느낄 수도 있다. 또한 '좋고 싫음'이 분명한 사람이라는 인상을 심어줄 수도 있다.

애교만점에 친절한 사람이지만 말만 많다는 인상

다른 사람이 자기를 좋아해주기를 바라는 마음이 간절하기 때문에 누구에게나 스스로를 '좋은 사람'으로 포장해 보여주고 싶어한다. 이런 첫인상은 물론 애교가 많고 친절하며 상대를 잘 배려하는 사람으로 비춰진다. 그러나 때로는 아부에 능하고 말만 많은 가벼운 사람이라는 인상을 심어줄 수도 있다.

Test 03

쓰레기를 어디에 버릴까?

쓰레기를 버리려는데 누군가 다가와서 말을 걸었다. 그 사람은 뭐라고 말했을까?

A "거기에 버리면 안 돼요!"

B "거기 그냥 버려두면 돼요."

C "아깝게 왜 버려요?"

Test 03 진단 결과

이 테스트를 통해 어떻게 하면 다른 사람들에게 호감을 살 수 있을지를 파악할 수 있다. .

말을 건 사람은 내 마음속에 있는 또 한 명의 나이다. 또 다른 자신이 스스로에게 뭐라고 말을 거는가에 따라 내가 다른 사람들에게 밉살맞게 보이는 부분을 파악할 수 있다.

A 선택한 사람

비판적인 성향을 버리고 자신에게도 타인에게도 너그러워지는 연습을 하자!

언제나 다른 사람의 잘못된 행동을 그냥 넘어가지 못하기 때문에 비판적이 될 수밖에 없다. 이런 비판적인 모습이 다른 사람들이 자신을 멀리하는 근본 원인이 될 것이다. 앞으로는 다른 사람의 좋은 점에 눈을 돌리고 때로는 상대를 칭찬해주도록 노력하자. 물론 다른 사람을 칭찬할 수 있는 여유를 가지려면 스스로에게 너그러워질 수 있어야 하므로 자신의 장점을 확인하여 긍정적인 자신감을 갖도록 한다.

선택한 사람

제멋대로인 당신은 자기를 낮추고 보조자 역할도 시도해보자!

자신이 하려는 일에 매진하고 뭐든 본인의 생각대로 밀고 나가려고 한다. 이런 모습은 옆에서 보면 협동심이 떨어지고 자기중심의 사람으로 비춰질 수밖에 없고 결국 사람들이 멀어지는 원인이 된다. 좀더 많은 사람에게 호감을 주려면 스스로 몸을 낮추어야 한다. 일부러라도 눈에 띄지 않도록, 누군가의 보조자 역할을 할 줄 아는 사람이 되어야 하며 작은 일에도 최선을 다하는 모습을 보이도록 노력하자.

선택한 사람

냉정하고 딱딱해 보여서 손해를 보는 당신, 좀 더 자신을 드러내는 노력을 하자!

다른 사람을 대할 때 언제나 거리를 두고 대하는 느낌을 준다. 다른 사람들이 보기엔 '다가가기 힘들고 차가우며 친밀감이 전혀 없고 딱딱한 사람'이다. 따라서 지금부터 스스로 집단 안으로 들어가도록 노력하는 자세가 필요하다. 노래방에서 신나게 노래를 부르거나 즐거운 이야기로 사람들을 웃기는 등 차가운 이미지를 깨는 노력을 해보자.

Test 04

어떤 동물을 선물할까?

친한 사람 한 명을 떠올려보자. 그 사람에게 동물을 선물하려고 한다. 어떤 동물을 선물할까? 동물을 결정했다면 왜 그 동물을 선물하려고 했는지 이유를 생각해보자.

Test 04 진단 결과

선택한 동물을 보면 자신이 상대방에게 갖고 있는 이미지를 알 수 있다.

대답 예

어떤 동물을 선택했는지 잘 생각해보자. 강아지와 고양이라면 어떤 품종인지까지 정확하고 자세하게 정리해보고 그 이유를 말해보자.

▶ 강아지를 선택한 사람

토종개 소박하고 사람을 좋아하며 쉽게 친해질 수 있으니까.
작고 귀여운 외국산 품종 주인 말을 잘 들을 것 같다. 애완견으로 기르기 쉬울 것 같다.(성실하고 친해지기 쉬운 사람)
듬직하고 큰 외국산 품종 똑똑해 보이고 멋지다. 같이 산책하기 좋다. (똑똑하고 멋진 사람)

▶ 고양이를 선택한 사람

페르시아 고양이 기품 있고 멋지다.
샴 고양이 늘씬하고 신비롭다.

▶ 작은 동물을 선택한 사람

햄스터, 다람쥐, 흰쥐 등 귀엽다, 날렵하다.
토끼 귀엽다, 겁이 많은 것 같다, 소중하게 지켜주고 싶다.

▶ 원숭이를 선택한 사람

작은 원숭이 장난기가 많고 재미있다, 두뇌회전이 빠르다, 지혜롭다.
고릴라 느리다, 포용력이 있다.

▶ 파충류, 양서류를 선택한 사람

이구아나, 카멜레온 신기하다.(좀 독특한 사람일 수도)
거북이 움직임이 거의 없다, 여유만만이다.(뭘 생각하는지 도무지 알 수 없는 사람)

이 테스트는 다른 사람이 나를 어떻게 생각하고 있는지 알아볼 수 있는 방법이기도 하다. 시험삼아 친한 사람에게 테스트를 해보자.

Test 05

어떤 방을 가장 신경 써서 꾸미고 싶은가?

만약 새 집을 짓는다면 다음 네 방 중 어떤 방을 가장 신경 써서 꾸미고 싶은지 대답해보자.

 A 부엌

 B 거실

 C 서재

 D 침실

Test 05 진단 결과

이 테스트는 어떤 인간관계를 원하고 있는지를 알아보기 위한 것이다. 집을 어떻게 꾸미는가는 평소에 어떤 것을 중요하게 생각하고 있는지를 나타내준다. 또 어떤 방을 중요하게 생각하는가에 따라 원하는 인간관계를 확인할 수 있다.

선택한 사람

가족과 함께하는 시간을 중요하게 생각하는 안정 지향형

아마도 가족을 중심으로 생활하고, 집에 있는 시간을 최대한 확보하려는 욕구가 있을 것이다. 나와 가족의 건강을 최우선으로 생각하고 경제적으로도 안정된 생활을 할 수 있기를 바라며 가족동반 모임을 선호하는 편이다.

선택한 사람

집단에 소속되고 싶어하는 사람

커뮤니케이션에 대한 욕구가 강하며 친구들과 즐겁게 어울리면서 스트레스를 풀려고 한다. 마음이 통하는 친구, 동료와 함께 그룹을 지어 즐거운 시간을 보내기를 원한다.

내 세계에 몰두하고 싶은 고독주의자

자신만의 세계에 빠져 누구의 간섭도 받지 않는 자유로운 곳에서 고독을 즐기고 싶어한다. 공간적으로도 혼자 있을 수 있는 작은 공간을 선호한다. 그래서 원하는 인간관계는 소수의 친한 사람들과의 만남이다.

안락한 생활을 추구하는 쾌락지향형

자신의 건강에 관련된 일이라면 자다가도 벌떡 일어날 정도. 따라서 무리하지 않고 충분한 휴식을 취하기 위해 노력한다. 또한 이성과의 성관계를 중요하게 생각한다.

다른 사람 집에 놀러 갈 일이 생기면 실례가 되지 않을 만큼만 주의 깊게 집 안을 살펴보자. 주거공간을 어떻게 꾸몄느냐에 따라 그 사람의 성격을 파악할 수 있다. 원룸일 경우 거실 위주라면 소파와 낮은 테이블이 놓여 있고, 서재 위주라면 책상과 책꽂이가 놓여 있을 것이다.

Test 06

동아리 활동을 한다면?

A 사계절을 즐길 수 있는 여행 동아리

B 책을 쓰거나 물건을 만드는 창작활동 동아리

C 메이크업 강의 또는 자기계발 강좌

D 자연파괴를 방지하고 지구 환경을 보호하는 동아리

Test 06 진단 결과

이 테스트를 통해 공감대 형성능력을 알아볼 수 있다.
공감대를 형성하는 능력이란 다른 사람의 기쁨, 슬픔 또는 아픔을 함께 나누고 이해하고 그 사람의 처지에서 생각할 수 있는 능력이다. 이 테스트를 통해 자신이 가지고 있는 공감대 형성능력은 어떤 종류인지를 알아볼 수 있다.

'괜찮아!' 용기를 북돋아주는 능력

명랑하고 쾌활한 성격. 이 성격을 이용해 힘든 일을 당한 친구와 어려움에 처한 사람들에게 "괜찮아! 내일은 뭔가 좋은 일이 생길 거야!" 하며 용기를 북돋아주는 사람이다. 그러나 심각하고 무거운 이야기를 싫어하기 때문에 상대방이 자신의 이야기를 하면서 상담을 요청해와도 가볍게 받아넘기기 쉽다. 따라서 고민 상담자 역할은 어울리지 않는 사람이다.

'정말 힘들겠다!' 상대의 마음을 이해하는 사람

천성이 착한 사람이라 불행한 일을 당한 사람과 어려움에 처한 사람을 잘 다독일 줄 안다. 그저 동정심이 아니라 진심에서 우러나오는 순수함으로 상대의 힘든 상황을 함께 고민하고 상처를 보듬어주는 사람이다. 그러나 자기보다 훨씬 행복한 사람을 만나면 자신도 모르게 질투심이 발동하기도 한다.

'너라면 할 수 있어!' 자신감을 북돋아주는 사람

칭찬을 잘하고 다른 사람의 장점을 파악해서 용기를 북돋아주는 능력을 가지고 있다. "너라면 할 수 있어! 파이팅!" 하며 상대에게 용기를 주고 힘을 실어주는 일을 잘한다. 그러나 언제나 자신감에 넘쳐 있기 때문에 너무 약하고 능력 없는 사람을 쉽게 무시한다.

'모두가 참고 있어!' 평등·공평을 중시하는 사람

정직하기 때문에 많은 사람들에게 신뢰를 받는 사람이다. 누구에게나 공평하고 정당하게 대하려고 노력한다. 그러나 너무 공평한 마음가짐 때문에 개개인의 의견과 특수한 상황을 이해하지 못하는 단점이 있다. "모두가 참고 열심히 하고 있기 때문에 너도 당연히 참아내야 해!" 하며 개인의 사정보다는 전체를 중요하게 생각한다.

Test 07

이제 살았어!

배가 강풍에 휩쓸려 망망대해에 표류하게 되었다. 누구도 도움을 주는 사람이 없고 이제 죽은 목숨이려니 생각하고 있을 때, 눈앞에 나타난 무언가를 보고 '이제 살았어!' 하고 안심했다. 지금 눈앞에 나타난 것은 무엇일까?

Ⓐ 무인도

Ⓑ 돌고래 무리

Ⓒ 헬기

Ⓓ 배

Test 07 진단 결과

이 테스트를 통해 다른 사람에게 이것만은 당하고 싶지 않은 일이 무엇인지를 알 수 있다.
다른 사람이 하지 말았으면 하는 일은 대개 누구나 비슷할 것이다. 이 테스트에서는 그 중에서도 '나는 이런 일을 당하는 게 가장 싫어' 하고 생각하는 게 무엇인지 알 수 있다.

선택한 사람

내 영역을 침범하는 건 절대로 용서할 수 없어!

무인도는 자립에 대한 욕구와 자신의 영역에 대한 집착을 뜻한다. 다른 사람에게 방해받는 것을 무척 싫어하며 자신만의 공간을 중요하게 생각한다. 자신이 하는 일에 이래라저래라 간섭하는 행동, 말, 신체적인 접촉 등 자기 영역에 들어오려는 행위 일체를 싫어한다.

선택한 사람

상식에서 벗어난 사람이라는 말은 정말 듣기 싫어!

치유의 동물인 돌고래를 선택한 사람은 공상가의 특성을 가지고 있다. 그래서 일반적인 사회생활과는 동떨어진 생활을 즐기고 싶어한다. 이런 사람이 가장 싫어하는 것은 '비상식적인 사람, 이상한 사람'이라는 수군거림이다. 자신을 세상의

잣대로 판단하여 이렇다저렇다 하는 말과 행동을 싫어하며, 공부와 업무에 밀려오는 과도한 기대도 견디기 힘들어한다.

무시당하는 건 절대로 못 참아!

헬기처럼 다른 사람에게 존경받고, 많은 사람의 기대를 받는 존재가 되기를 원한다. 다른 사람들에게 주목받기를 원하기 때문에 무시당하는 것만큼은 결코 용납할 수 없다.

왕따는 절대로 참을 수 없어!

자신이 속해 있는 단체와 그룹을 위해 충실하게 일하고 그 속에 소속되어 있다는 데 자부심을 느끼는 사람이다. 이런 성향의 당신이 가장 싫어하는 일은 왕따를 당하거나 혼자서 모든 일을 해야 하는 상황이다.

Test 08

관리자의 험담을 마무리할 땐?

회사에서 휴식시간에 동료들과 관리자의 험담을 하고 있었다. 그 순간……. 다음 만화를 보고 네 번째 칸에서 자신이 취할 행동을 선택해보자.

① 드디어 휴식시간!
② 다 함께 부장님 흉을 보면서 웃고 있었다.
③ 분위기에 휩쓸려 신나게 흉을 보고 있는데 주위가 갑자기 조용해졌다.
④ 뒤를 돌아보니 부장님이 서 있었다.

A '어떻게 하지? 크게 혼나겠는걸!' 하는 생각에 얼굴이 하얗게 질린다.

B '때는 이때다!' 하고 더 열심히 흉을 본다.

C "그래도 좋은 면도 있지." 하며 말을 바꾼다.

Test 08 진단 결과

이 테스트를 통해 권력을 잡았을 때 어떤 사람이 될 것인가를 파악할 수 있다.
똑같은 사람이라도 다른 사람 밑에서 일을 할 때와 사람들을 지도할 때의 이미지는 전혀 다르게 나타난다. 이 테스트는 권력을 쥐고 사람들을 이끄게 될 때 어떤 모습의 리더가 될 것인지를 알려준다.

선택한 사람

의심이 많은 유형

원래가 소심한 사람이라 사람들을 지도하는 위치에 있어도 항상 불안하여 우왕좌왕하는 유형이다. 일단 권력을 잡으면 주변 사람들이 자기를 미워하거나 반발심을 키우는 것은 아닌지 불안해서 견딜 수가 없다. 그래서 언제나 의심하고 조금이라도 반대 의견을 제시하는 사람은 아예 처음부터 곁에 두려고 하지 않는다. 이런 유형의 사람들은 권력을 최대한 행사하여 자신의 입지를 굳히려는 성향이 강하므로 독재자가 되기 쉽다.

조직의 보스 같은 유형

선택한 사람

다른 사람 밑에서 일을 할 때는 자기 맘대로 일을 추진할 수 없기 때문에 불평 불만을 늘어놓는 유형이다. 이런 사람들은 '나는 다른 사람 밑에서 일할 수 없는 사람'이라고 굳게 믿고 있다. 일단 이런 유형이 권력을 잡으면 권좌의 안락함을 최대한 느끼면서 조직의 보스처럼 사람들을 다루고 거느리길 원한다. 그러나 단순한 성격 때문에 밑의 사람들의 본심을 파악하지 못해 의외로 빨리 권좌를 빼앗기고 만다. 그리고 다시 밑에서 시작하는 운명에 처하게 된다.

인격자인 척하는 위선자 유형

선택한 사람

다른 사람 밑에서 일을 할 때는 허리를 최대한 구부리고 윗사람의 비위를 맞추는 사람이다. 이런 유형은 권좌에 오르더라도 잘난 척하지 않고 '나는 사람들을 위해 일하는 봉사자'라고 각인시킨다. 그리고 조금씩 권력을 키워가면서 관용과 봉사로 무장한 권력자로서 사람들 앞에 나선다. 하지만 마음속 깊숙이 자리하고 있는 권력에 대한 욕망은 대단하므로 결국 모든 행동이 위선에 지나지 않는다.

Test 09

나는 의심 많은 사람?

다음 항목을 읽어보고 '딱 내 얘기'라고 생각되면 2점, '그저 그렇다', '조금 그렇다'면 1점, '전혀 아니다'면 0점으로 점수를 매겨 □ 안에 써 넣자. 그리고 다 끝나면 점수를 합산해보자.

□ 다른 사람들이 웃고 있으면 왠지 나를 비웃고 있는 것 같다.
□ 애완 동물과 새들은 세균이 많을 것 같아 집에서 키우는 것은 물론 만지는 것조차 싫다.
□ "그런 일 하면 경찰이 잡아간다!"는 말을 들으면 무섭다.
□ 지갑을 찾을 수 없으면 누군가 내 지갑을 훔쳐갔다는 생각이 든다.
□ 게시판에 걸린 사람 찾는 글이나 익명의 누군가에 대한 글을 읽으면 나를 두고 하는 말 같다.
□ 친구들과 수다를 떨다가 내가 먼저 자리를 뜨면 친구들이 내 험담을 할 것 같아 먼저 가지 못한다.
□ 집을 비우면 불이 나거나 도둑이 들 것 같아 불안하다.
□ '애인이 바람을 피우는 것 같다'는 의심으로 고민하기보다는 바람피우는 현장을 덮쳐버리는 편이 속 편하다.
□ 농담이라며 친구들이 웃어넘겨도 왠지 바보가 된 것 같아 기분이 나쁘다.
□ 규칙과 규범은 언제나 정확하게 지키고 있다.

- ☐ '누군가 나를 함정에 빠뜨리려 한다'는 의심이 든다.
- ☐ 장래의 일을 생각하면 불안해서 잠이 오지 않는다.
- ☐ 상대방이 내게서 눈을 돌리면 일부러 나를 피하거나 나를 싫어하기 때문이라고 생각한다.
- ☐ 나쁜 일이 일어날 것 같다거나 실패할지도 모른다고 생각하면 꼭 그렇게 된다.
- ☐ 사람들이 많은 곳을 지나갈 때면 일부러 부딪치며 다니는 것 같은 사람들과 부딪힌다.
- ☐ 다른 사람들이 나를 칭찬해주면 기쁘기보다는 그 사람들이 원하는 뭔가가 있을 것 같다는 생각이 든다.

합산 점수

점

Test 09 진단 결과

이 테스트는 피해망상 정도를 확인하는 지표이다.

경계심이 강하고 웬만해서는 다른 사람을 믿지 못하는 마음. 쓸데없는 불안으로 자기를 들볶고 끊임없이 나쁜 일만 떠오르는 마음. 이런 마음은 누구에게나 있는 아주 정상적인 심리상태이다. 문제는 얼마나 정도가 심하냐에 따라 피해망상 정도가 달라진다.

점 이상인 사람

피해망상 90%

경계심이 강하고 의심이 많은 사람이다. 사소한 일에도 쉽게 불안해하며 뭐든지 안 좋은 쪽으로만 생각한다. 평소에도 피해망상에 사로잡혀 악몽 같은 공상을 하며 마음의 여유를 가지고 쉬지 못한다. 마음의 안정을 취하고 충분히 스트레스를 이완할 수 있는 심리요법을 활용해보자.

점인 사람

피해망상 75%

보통 이상의 경계심을 가지고 있다. 따라서 뭐든 한번 의심해본 다음 시작하는 경향이 있다. 머릿속으로는 '말도 안 되는 바보 같은 생각'이라고 단정하지만 마음은 항상 불안하고 좋지 않은 일만 생각하게 된다. 만일의 사태를 늘 상상하는 피해망상적인 사고방식을 치안과 방범 분야에 종사하면서 활용하면 놀라울 만큼 훌륭한 능력으로 탈바꿈될 수 있다.

9~16 점인 사람 | 피해망상 45%

어느 정도 자아가 확고한 사람이다. 피해망상적인 성향은 거의 없다. 불안한 일이 생겨도 동요하지 않고 현실적으로 판단하고 이성적으로 대응할 줄 안다. 가끔 인간의 피해망상을 소재로 한 스릴러, 추리소설, 공포영화 등을 보면서 자기에게 없는 부분을 끌어내어 짜릿한 경험을 해보는 것도 좋다.

8점 이하인 사람 | 피해망상 20%

웬만해서는 사람을 의심하지 않는다. 물론 불안에 떨지도 않는 낙천적인 사람이다. 그러나 피해망상적인 공상 속에도 어느 정도 진실이 숨어 있어서 살아가는 데 중요한 경고성 메시지의 역할을 하기도 한다. 불안과 경고에 너무 둔감하면 큰 화를 입을 수도 있으므로 조심하자.

Test 10

주변 사람의 휴대폰 장식고리는 어떤 모양인가?

관심이 가는 사람이나 주변에 친한 사람들의 휴대폰 장식고리를 확인해보자. 다음 중 어떤 종류인가?

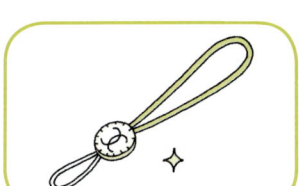

A 고가의 명품고리

B 캐릭터 팬시 제품

C 만화 주인공 인형

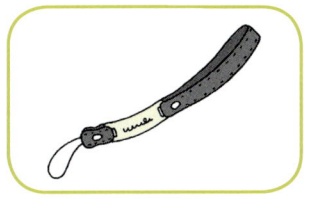

D 수공예품 같은 멋스러운 물건

E 편리한 아이디어 상품

F 아무것도 달지 않았거나 경품으로 받은 듯한 물건

Test 10 진단 결과

어떤 휴대폰 고리를 달았느냐에 따라 그 사람의 성격과 다른 사람과 사귀는 방법을 알아볼 수 있다.

선택한 사람

보이는 것을 중요하게 생각하는 사람. 친해지고 싶다면 칭찬해주자!

다른 사람에게 어떻게 보여지는가를 중요하게 생각하는 사람으로 스스로의 가치가 실제보다 더 높이 평가받기를 원한다. 또 라이벌 의식이 강해서 언제나 자기가 최고가 되어야 직성이 풀리는 사람이다.

이런 유형과 친해지려면 라이벌 의식을 자극하면 역효과가 난다. 내가 더 나은 것 같아도 일단 친해지고 싶다면 그런 부분은 말하지 말고 상대를 칭찬해주는 일에 전력을 기울이자. 일단 칭찬 한 마디에 무너지는 유형이기 때문에 그 사람이 평소에 자랑하고 자신 있어하는 부분을 최대한 칭찬하자.

선택한 사람

따뜻하게 분위기를 이끌어가는 사람. 그 사람 특유의 분위기를 깨뜨리지 말자!

누구에게나 친절하고 호의적이며 많은 사람들과 친하게 지내는 사람. 특별히 배려하는 데 능숙한 것 같지 않지만 사람의 마음을 편안하게 하는 매력이 있다.

이런 유형과 친해지려면 꽤 순수한 사람이다. 이런 사람은 편안하게 자기 길을 가는 사람이므로 평소에 대화할 때도 차를 마시면서 잡담을 하거나 웃으면서 편안하게 이야기를 하는 것이 좋다. 아무리 답답해도 그 사람이 하고자 하는 일을 믿음을 가지고 지켜보는 진득함이 필요하다.

상상력이 풍부한 독특한 사람. 그 사람의 관심 분야에 귀를 기울이자!

겉으로는 얌전해 보여도 독특한 내면세계를 가진 사람이다. 고정관념과 편견에 치우치지 않고 자유롭고 혁신적인 발상을 하는 사람으로 조금 특이한 구석이 있다.

이런 유형과 친해지려면 공통의 화제를 이끌어내지 못하면 쉽게 의사소통이 되지 않는 유형이다. 그 사람이 먼저 자신의 관심 분야에 대해 이야기를 시작하면 즐겁게 그 이야기를 들어주는 식으로 의사소통을 시작하는 것이 좋다. 가족들 이야기나 자기 이야기를 하면 지겹다고 생각할지도 모른다.

유행에 민감한 멋쟁이. 너무 가깝지도 멀지도 않게 적당한 거리를 유지하자!

자기만의 개성이 있고 유행에 민감하다. 의식주에 대한 자기만의 스타일을 고수하기도 한다. 그러나 의외로 보수적인 면

Test 10 진단 결과

이 있고 예의와 매너를 중요하게 생각한다. 특히 관혼상제 등 사교적인 행사에 반드시 참석해야 한다고 생각한다.
이런 유형과 친해지려면 상대방과의 거리와 관계를 생각하면서 상식적인 선에서 친분관계를 맺어가야 한다. 이런 사람에게 뭔가 대접과 선물을 받았다면 꼭 보답을 하자. 물론 보답은 받은 것보다는 조금 작게 하는 게 좋다.

함께 있으면 즐거운 사람. 적당하게 자제하자!

두뇌회전이 빠르고 뭐든지 재빠르게 해결하는 사람. 사람들과 잘 사귀고 인간관계가 넓고 다양하다. 파티와 축제를 즐기고, 즐거운 일이 있으면 어디든지 찾아가는 사람으로 하루 종일 빡빡한 스케줄로 바쁜 사람.
이런 유형과 친해지려면 함께 있으면 즐거운 사람이지만 초대를 받으면 가볍게 만나고 적당한 선에서 자제한다. 너무 딱딱한 이야기는 하지 말고 마음 편하게 즐거운 이야기로 분위기를 이끌면 된다. 대충 상황을 봐서 "그럼 다음에 또 만나자"는 식으로 기분 좋게 그날의 만남을 끝내는 현명함이 필요하다. 그 사람을 생각해서 힘들게 시간을 보내는 건 좋지 않다.

상대의 성격을 파악하는 대단한 직감력의 소유자. 솔직한 태도를 보이자!

사소한 것에 신경을 쓰지 않고 대범하게 행동하는 사람. '겉모습보다는 속내'라고 믿기 때문에 외모를 꾸미는 일에 그다지 신경 쓰지 않는다. 직감력이 뛰어나기 때문에 상대방의 인간성을 꿰뚫어보는 능력이 탁월하다. 따라서 입에 발린 칭찬과 거짓말 등은 별로 통하지 않는다.

이런 유형과 친해지려면 우선 솔직함이 중요하다. 과하게 신경을 써서 자신을 치장하거나 아부 발언을 하는 것은 오히려 역효과를 낸다. 하고 싶은 말이 있으면 솔직하게 그 사람에게 얘기하는 것이 낫다.

이 테스트는 휴대폰 장식고리 대신 필기도구로도 진단할 수 있다. 예를 들어 주변 사람이 어떤 필기구를 사용하고 있는가를 유심히 살펴보자. 명품 만년필 또는 펜을 사용하고 있는 사람이라면 A타입이고 팬시 계열이나 캐릭터 상품을 사용하고 있다면 B타입, 만화 주인공 그림이 있는 펜을 사용하고 있다면 C타입, 건축가와 디자이너들이 사용하는 제도용 펜을 사용하고 있다면 D타입, 잡기 편한 볼펜이나 아이디어 상품을 사용하고 있다면 E타입, 값싸고 보편적인 볼펜을 사용하고 있다면 F타입이다.

Test 11

산속을 여행하면서

지금 산속을 여행하는 중이다. 길에 즐비한 여러 가지 풍경들을 보면서 친한 사람들이 생각났다. 다음 그림을 보고 머리에 떠오르는 사람들을 생각해보자.

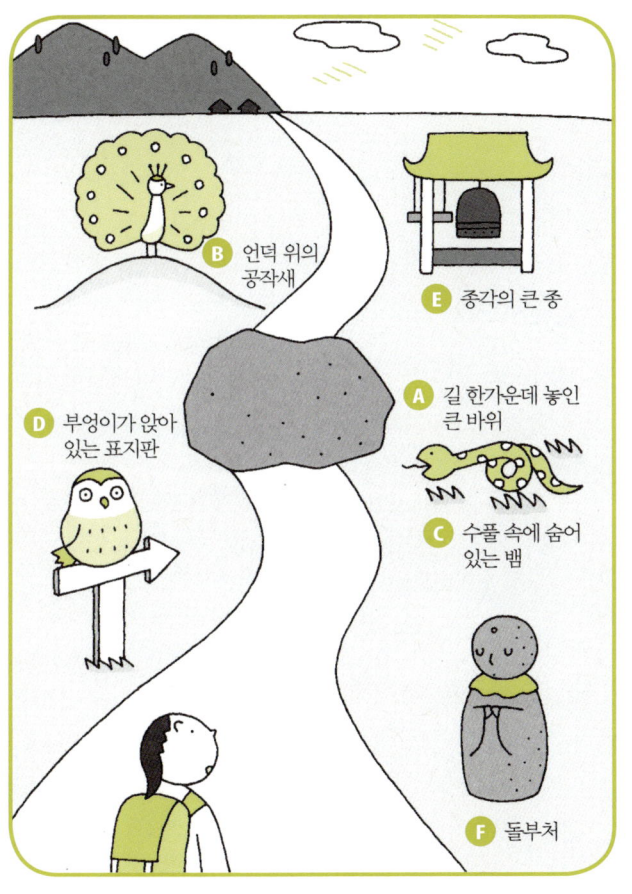

Test 11 진단 결과

이 테스트를 통해 자신이 떠올린 그 사람을 어떻게 생각하고 있는지를 알 수 있다.

A 인생에 방해가 되는 사람

선택한 사람

길 한가운데 버티고 있는 바위는 자신의 인생을 방해하는 장애물을 의미한다. 이 바위를 보고 떠오른 사람은 자신이 가는 길에 방해가 되는 사람이다. 이 사람을 피하고 싶지만 쉽게 피할 수 없는 존재이기도 하다. 그 사람만 없다면 자신의 인생이 더욱 행복하고 자유로울 것이라고 생각할 것이다. 아마도 고집불통의 직장상사나 이래저래 잔소리가 많은 주변 인물들을 떠올렸을 것이다. 가능한 그 사람들에게 가까이 가지 않도록 하며, 직장상사라면 실력을 갈고닦아 그 사람의 능력을 뛰어넘도록 노력해보는 것은 어떨까?

B 눈에 거슬리는 사람

선택한 사람

언덕 위의 공작은 자태를 뽐내며 날개를 펴고 있다. 이런 행위는 자기를 자랑하는 행위이다. 공작을 보고 떠오른 사람은 현재 눈에 거슬리는 사람이다. 언제나 그 사람을 보면서 잘난 척과 오만함에 고개를 돌리고 싶다고 느낀다. 이렇게 그 사람이 거슬리는 이유는 아마도 마음속에 그 사람을 경쟁자로 의식하고 있거나 이기고 싶다는 마음으로 가득하기 때문일 것이다. 바보 같은 경쟁심으로 자신을 괴롭히지 말고 '너는 너, 나는 나'라는 마음으로 자기 길을 걸어가자.

C 위험한 인물이라고 생각하는 사람

수풀 속에 숨어 있는 뱀은 매우 위험한 존재이다. 위험할 뿐 아니라 음흉하기까지 하다. 뱀을 보면서 떠오른 사람은 자신이 그 사람에게 속고 있다고 생각하며 언제나 자신을 노리고 있다고 생각하는 사람이다. 어쩌면 상대가 자신에게 일방적으로 적의를 품고 있을지도 모른다고 생각하고 있다. 혹시 주변 친구 또는 이성친구를 떠올리지는 않았는지? 뱀은 믿지 못할 사기꾼 같은 이미지를 가지고 있으며 한을 품고 칼을 갈고 있는 모습을 떠올리게도 한다. 만약 상대가 어느 날 갑자기 공격을 감행해온다 해도 이성적이고 냉정하게 대처할 수 있도록 준비하자.

Test 11 진단 결과

닮고 싶고 배우고 싶은 현명한 사람

부엉이는 지혜의 상징이며 표지판은 안내자 역할을 한다. 부엉이가 앉아 있는 표지판을 보고 떠오른 사람은 머리가 좋고 현명한 사람이라는 인상을 주지는 않는지? 당신은 그 사람에게 뭔가 배우고자 하는 열정이 있다. 그 사람의 지혜를 빌리고 현명한 조언을 듣고자 한다. 그 사람이 동료 또는 직장의 윗사람이라면 주저하지 말고 적극적으로 배움을 청해보자. 현명한 사람과 친하게 지내면 자신도 현명해진다.

시끄럽다고 생각하는 사람

종각의 큰 종은 고요한 풍경 속에 유일하게 큰 소리를 내는 존재이다. 종을 보고 떠올린 사람은 평소에 시끄러운 사람이라고 생각하던 인물이다. 실제로 그 사람은 말이 많고 목소리가 크며 일단 말을 시작하면 장황하게 떠들어대는 습관이 있다. 대체로 이런 유형의 사람들이 즐겨하는 이야기는 자기 얘기나 다른 사람들에 관련된 소문들. "이제 그만! 지겨워!" 하고 솔직하게 말하고 싶지 않은지? 이런 유형의 사람과 상대할 때는 그 사람의 말을 건성 듣거나 처음부터 아예 상대를 하지 말고 최대한 피하도록 노력해보자.

F 마음의 안정을 주는 사람

시골 작은 절에 있는 소박한 돌부처는 평화의 상징이다. 돌부처를 보고 떠올린 사람은 평온한 사람으로 무슨 일이든 상담할 수 있는 사람이다. 직장에서는 전혀 해가 되지 않는 차분한 사람이라는 이미지를 가지고 있을지도. 이런 사람은 평소에는 재미없고 따분하고 지루한 사람이라는 생각이 들지만 스트레스가 쌓이고 일이 잘 풀리지 않아 괴로울 때 도움을 청하고 상담을 부탁할 수 있는 유일한 사람이기도 하다.

> 산속 풍경을 이용한 테스트는 직장 내 인간관계 등 스트레스의 원인을 제공하는 사람을 찾아내는 데도 효과적이며, 미팅 때는 태양계의 행성 등을 활용해서 테스트를 해볼 수도 있다. 태양, 수성, 금성, 지구, 화성, 목성, 토성, 천왕성, 명왕성에서 생각나는 사람은 누구일까? 별에 따라 대략적인 이미지로 떠오르는 사람이 있을 것이다. 그럼 왜 그렇게 생각했는지를 서로 이야기하고 각자가 상대에게 가지고 있던 이미지를 들어보면서 즐거운 시간을 보낼 수 있다.

칭찬할 때는 본인이 없는 곳에서

처음 만난 사람이라도 그 사람에 대한 소문과 평판을 들어 익히 알고 있는 경우가 있다. 그런 정보들을 가지고 사람을 만나기 전에 어떻게 대할지, 무슨 말을 할지를 준비하기도 한다. 이처럼 어떤 사람에 대한 첫인상은 이미 만나기 전부터 만들어진다고 할 수 있다. 이런 현상을 심리학에서는 '사전 정보의 효과'라고 한다. 즉 사전 정보의 효과를 이용하면 누군가에게 자신을 소개하고 싶을 때 자기를 긍정적으로 평가할 수 있도록 부탁하는 등 현명한 대처를 할 수 있다.

또, 다른 사람과 친해지고 싶을 때는 당사자가 없는 곳에서 그 사람을 칭찬하면 좋은 효과를 볼 수 있다. 칭찬은 험담과는 달리 쉽게 당사자에게 전달되지 않지만 여러 사람 앞에서 칭찬을 계속 하다보면 그 사람을 직접 칭찬한 효과를 보게 된다. 당사자 앞에서 직접 칭찬을 하면 왠지 아부 같고 진실성이 없어 보이지만 그 사람이 없는 자리에서 칭찬을 하면 진실한 칭찬으로 들린다. 이 방법을 활용하면 상대에게 호감을 사게 되고 좋은 관계를 맺을 수 있다.

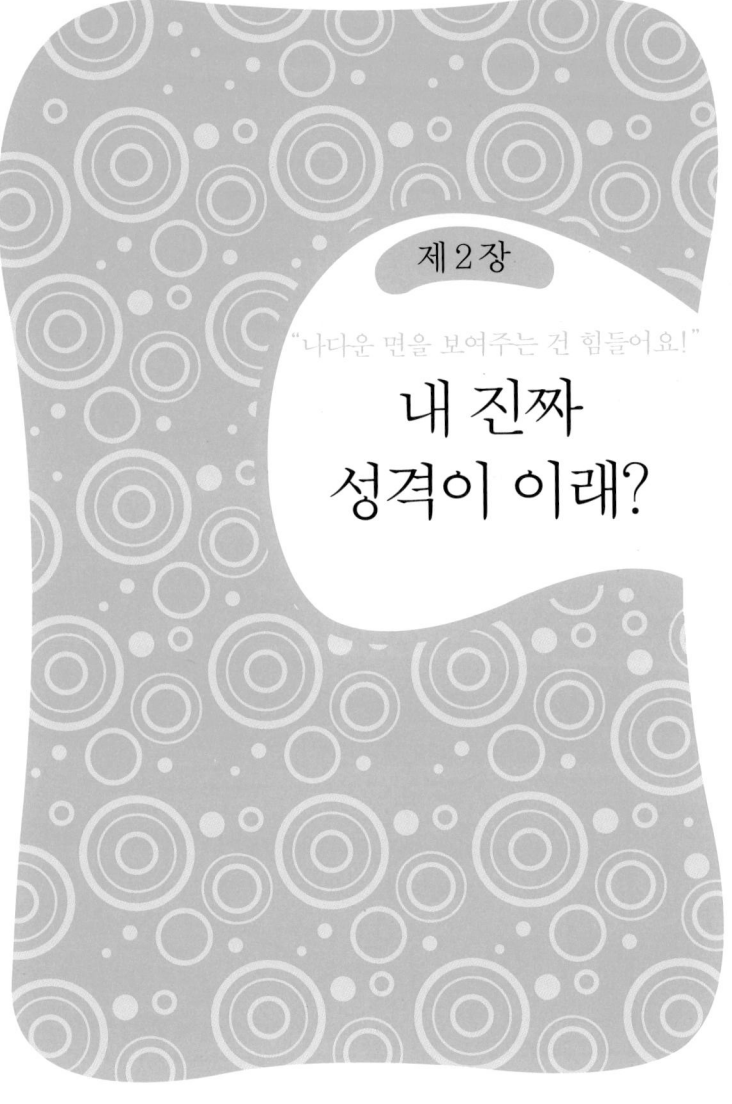

제2장

"나다운 면을 보여주는 건 힘들어요!"

내 진짜 성격이 이래?

" 정말? 나를 그렇게 생각했단 말이야? "

'나는 명랑 쾌활한 게 장점이야!' 하고 생각했는데 다른 사람들은 '고민이 많은 사람'이라고 알고 있는 경우가 있다. 이처럼 자기 이미지와 현실의 이미지는 다르게 나타나기 쉽다.

Test 12

벌거벗은 원시인에게 필요한 것은?

벌거벗은 원시인이라면, 다음 세 가지 그림 중에서 가장 필요한 것은 무엇일까?

Ⓐ 먹을 것

Ⓑ 입을 것

Ⓒ 쉴 곳

Test 12 진단 결과

이 테스트를 통해 인생에서 중요하게 생각하는 것이 무엇인지를 알 수 있다.

A 자립심이 강하고 자기 영역을 확보한다

자기 영역을 침범당하는 것을 결코 용납하지 않으며 강하게 저항한다. 신체적으로도 너무 가까운 접촉을 피하고 싶어하며 가능한 거리를 두고 상대를 대하길 원한다. 다른 사람이 본인을 어떻게 생각하는지는 그다지 관심이 없으며 자기도 다른 사람에게 큰 관심을 갖지 않는다. 자립하려면 다른 사람들과 거리를 유지해야 한다고 생각한다.

B 다른 사람들이 관심을 가져주길 원하며 인기가 많다

주변 사람들이 자기를 모른 척하고 무시하는 것 같은 느낌을 받으면 화가 나고, 가능한 많은 사람들이 자기를 주목해주길 원한다. 따라서 뭔가 평범하지 않은 모습을 부각시키기 위해 노력한다. 반면에 수치심이 강해 자신의 결점과 단점은 되도록 다른 사람 눈에 띄지 않기를 원한다. 가끔 자신과 다른 사람의 경계선이 불명확해지기도 한다. 그래서 자기도 모르게 신체적인 접촉을 하거나 쉽게 치안의 표적이 되기도 한다. 불쾌한 기분을 애써 삭이면서 상대를 이해하려고 하는 알 수 없는 행동을 하기도 한다.

안전에 대한 욕구가 강하다

기댈 수 있고 보호받을 수 있는 사람과 물건에 의지하는 경향이 있다. 그리고 자기를 지켜주는 상대에게 순종하는 편이다. 자기 안전만 완벽하게 확보된다면 자립과 자유를 포기해도 좋다고 생각하며, 행여 자립하게 되면 자기를 도와줄 사람이 없다고 생각한다. 그래서 언제나 자기를 보호해줄 사람을 찾고 그 사람에게 의존하게 된다. 이런 유형의 사람은 사이비 종교의 교주 또는 범상치 않은 카리스마로 대중을 현혹하는 사람에게 쉽게 빠져드는 성향이 있으므로 주의하자.

Test 13

바다 위에 뜬 초승달

바다 위에 초승달이 떠 있다. 다음 네 가지 그림 중 가장 마음에 드는 구도는?

제2장 내 진짜 성격이 이래?

Test 13 진단 결과

바다와 하늘의 균형 그리고 달의 위치는 현재 심리적으로 어떤 상태인지를 나타내준다.

A 무언가 만들어내고 싶어!

지금 관심을 가지고 있는 일과 배우고 있는 일에 대한 구체적인 성과를 보고자 하는 마음이 커지고 있는 시기. 특히 지금까지 상상만 했던 일들을 실현하고 싶은 창조적인 욕구들이 분출되고 있다.

B 마음이 통하는 사람과 만나고 싶어!

다른 사람들에게 마음속 이야기를 하고 싶은 욕구로 가득한 시기. 다른 사람과의 정서적인 교감을 통해 마음을 달래고 나를 높이 평가해주는 사람을 만나 자신감을 얻고자 한다. 혹은 예전부터 친하게 지내고 싶었던 사람과 본격적인 만남을 시도해보고자 기회를 노리고 있는 중일지도 모른다.

C 신비로운 수수께끼를 풀어보고 싶어!

바깥세상 돌아가는 이야기보다는 추상적인 세계나 현대 과학으로 해명되지 않은 수많은 수수께끼들에 관심이 많은 시기. 지적인 욕구로 충만하며, 다른 사람들의 방해를 받지 않고 혼자 연구에 골몰하고 싶어서 조용한 곳을 찾아 고독한 시간을 즐기려고 한다.

D 정서적으로 풍요로운 삶을 살고 싶어!

정서적으로 영양분을 공급하고 안정된 삶에 대한 욕구로 가득한 시기. 가끔 감정의 기복이 생기고 복잡한 생각으로 고민하게 될 때 이 세상에 태어난 이유가 무엇인지 삶에 대한 근본적인 질문을 던지지는 않는지? 이런 질문을 던지면서 심리적인 안정과 정서적인 치유를 꾀한다.

> 바다보다 하늘이 넓은 그림을 선택한 사람은 감정보다는 이성을 중시하는 사람. 정서적으로 안정되어 있고 이성적인 면이 두드러진다. 바다가 하늘보다 넓은 그림을 선택한 사람은 감정적인 면을 중시하는 사람으로 정서적, 내면적인 변화가 큰 사람이다. 달이 오른쪽 위에 위치한 그림을 선택한 사람은 바깥세상에 대한 관심이 큰 사람이며 현실적이고 목표 지향적이다. 달이 왼쪽에 위치한 그림을 선택한 사람은 신비로운 사물과 사건에 관심이 많고 정신적인 세계에 빠져드는 경향이 있다.

Test 14

나비는 어디로 날아갈까?

나비는 다음 그림 중 어디로 날아갈까?

Ⓐ 고요한 초원의 목장

Ⓑ 아름다운 장미 정원

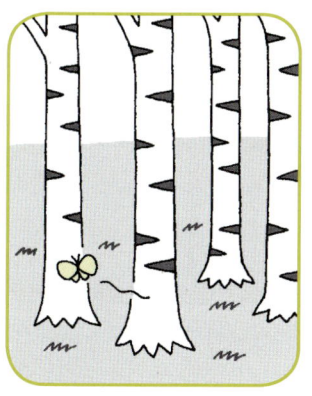
Ⓒ 백목의 숲속

Ⓓ 하늘 높이 구름 사이

제2장 내 진짜 성격이 이래?

Test 14 진단 결과

이 테스트를 통해 자신이 자각하지 못했던 자신만의 뛰어난 장점을 발견할 수 있다.

나비는 영혼을 의미한다. 나비가 날아간 곳은 영혼이 추구하는 풍경이며 자신도 좋아하는 풍경이다. 마음을 안정시키고 긴장을 최대한 이완시키면 자신만의 장점을 찾아낼 수 있다.

선택한 사람

A 원하는 세상을 만들어가는 적극적인 행동력

다툼 없이 평화로운 세상을 동경하고 있다. 이는 자칫 잘못하면 귀찮은 일은 아예 하지 않고 나태하게 지내는 삶을 동경하게 된다. 그러나 원래 자신이 가지고 있는 능력은 적극적으로 다툼과 분쟁을 없애고 평화로운 세계를 만들고자 노력하는 행동력이다.

선택한 사람

B 진품의 가치를 구별할 줄 아는 예리한 미의식

아름다움과 감동을 전해주는 세상을 동경하고 있다. 물론 잘못하면 스스로를 너무 꾸미고 포장해서 진실된 모습을 잃어버릴 수 있다는 부정적인 면도 있다. 그러나 이런 영혼은 진품의 가치를 판단하고 그 가치를 더욱 높여주는 능력을 가지고 있다.

집착 없는 여유로움에서 얻은 진실 판단의 지혜

선택한 사람

불안과 공포가 없는 조용한 내면세계를 동경하고 있다. 따라서 현실적인 번잡함에서 피하고 싶은 마음이 간절할지도 모른다. 그러나 이런 마음은 물질적인 집착이 없기 때문에 가능하다. 집착이 없는 마음은 무욕의 마음이며 깨끗한 마음으로, 진실을 판단할 수 있는 큰 능력을 품고 있다.

힘든 일도 흔쾌히 받아들이는 희망적인 자세

선택한 사람

구속 없이 자유로운 세계를 동경하고 있다. 물론 자유분방함이 방종이 되어 걷잡을 수 없는 나락으로 빠질 수도 있지만 바꾸어 말하면 미래에 대한 자유로운 희망이 될 수 있다. 힘든 일도 인생의 일부분이라고 생각하고 최선을 다하며 다른 사람에게도 희망을 줄 수 있는 자유로운 영혼의 힘.

Test 15

어떤 음료수를 마실까?

더운 여름날, 뭔가 시원한 음료수를 마시고 싶어서 매점에 갔다. 다음 중 어떤 음료수를 선택하겠는가?

A 아이스 커피

B 오렌지주스

C 콜라

D 우롱차

Test 15 진단 결과

어떤 음료수를 선택했는가에 따라 다른 사람에게 보여줄 수 없는 자신만의 약점을 파악할 수 있다.

좋아하는 음료수는 스스로의 이미지와 인생관을 반영한다. 이를 통해 스스로 생각하는 자신만의 약점과 허점을 판단할 수 있다. 이런 부분은 다른 사람에게 보여주기 싫은 부분이며 다른 사람이 모른 척해주길 바라는 부분이기도 하다.

선택한 사람

A 과거 아픈 기억은 들추지 말아줘!

스스로 정해놓은 규칙에 엄격한 편이며 고집이 세다. 이런 사람이 제일 싫어하는 것은 과거의 일을 들추어 이러쿵저러쿵 떠들어대는 일이다. 특히 아픈 기억을 끄집어내어 상처를 들쑤시는 일만큼은 참을 수 없다.

선택한 사람

B 외모에 관련된 말은 듣고 싶지 않아!

로맨티스트로 자의식이 조금 강하다. 그래서 외모에 대해 이렇다저렇다 충고를 듣는 일은 정말 참을 수 없다. 특히 스스로 콤플렉스라고 생각하는 부분을 집어내서 지적받는 일만큼은 용서할 수 없다. 옷차림을 보고 "그 옷 안 어울려." "이렇게 입어보면 더 멋있을 거야." 하는 식의 충고를 들으면 자존심이 상한다.

선택한 사람

내 성격에 관심 갖지 마!

놀기 좋아하는 반면에 약간 무책임한 면이 있다. 제일 싫어하는 것은 성격에 대해 지적받는 일이다. 특히 스스로도 성격개조가 필요하다고 느끼고 있는 부분에 대해 직접 지적받거나 장황한 설교를 듣는 일은 귀를 막고 딴청을 하고 싶을 정도로 싫다고 느낀다.

선택한 사람

가족, 친구 등 친한 사람들에 대한 험담은 용서할 수 없어!

조금 보수적인 면이 있으며 주변 사람들을 소중하게 생각하는 가족적인 사람이다. 이런 당신은 가족과 친지, 친구들에 대한 험담과 소문을 듣는 것을 아주 싫어한다. 자기와 친한 사람들의 험담을 들으면 마치 자기에 대해 안 좋은 말을 하고 있는 것 같은 불쾌함을 느낀다.

Test 16

손바닥은 무슨 의미?

다음 그림의 손바닥은 어떤 의미로 내민 것일까? 다음 A~F의 보기 중에서 골라보자.

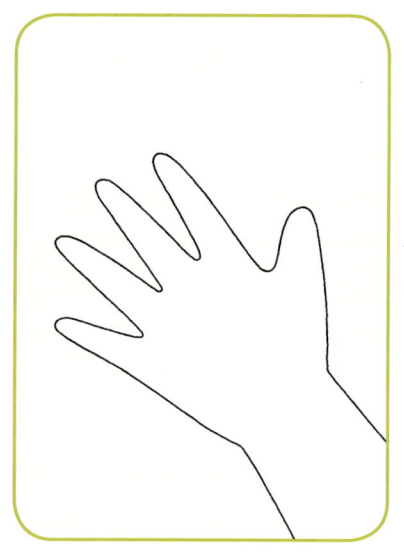

A 주세요!

B 안녕!

C 멈춰!

D 기다려!

E "이쪽으로", "드세요" 등 청유형

F 악수

Test 16 진단 결과

이 테스트는 다른 사람에게 얼마나 잘 기대는지를 파악할 수 있다.

응석받이 의존형

선택한 사람

다른 사람들이 귀엽게 생각해주는 것을 좋아하며, '나는 좀 어리광부려도 괜찮아.' 하고 생각한다. 다른 사람의 관심을 끌기 위해 마음껏 응석을 부리고 자기 마음대로 하고 싶어하지만, 다른 사람이 자기 맘대로 하는 것을 보면 심통을 부리고 토라지기 쉽다. 자기에게 잘해주는 사람과 그렇지 않은 사람을 대하는 태도가 너무나 다르기 때문에 주위 사람들에게 "어른스럽지 못하다."는 평을 듣는다. 이런 유형의 여성들은 대부분 동성 친구들 사이에서는 제멋대로 행동하는 막무가내 막내딸 같지만 이성과 함께 있을 때는 조신하고 얌전한 요조숙녀로 변한다.

기대기 싫어하는 강인한 유형

선택한 사람

다른 사람에게 기대기 싫어하고 인간관계에서는 어느 정도 거리를 두어야 한다고 생각하는 사람. 언젠가 자신의 순수한 마음을 무참히 짓밟혔던 기억이 있어서 그 이후로는 다른 사람에게 기대지 않기로 결정했는지도 모른다. 사실은 다른 사람에게 기대고 싶을 때도 많지만 '결코 다른 사람의 짐이 되지는 않을 거야!' 하는 태도로 과도하게 강인한 척하려고 애쓴다. 조금만 기대면 금방 마음을 터놓고 편안한 관계로 발전할 수 있다는 사실을 알면서도 행동으로 옮기지 못하는 유형. 친한 사람들은 "힘들다고 한 마디만 하지." 하며 안타까워하고 있을지도 모른다.

기대고 싶지만 그 마음을 자제하는 유형

선택한 사람

응석을 부리고 누군가에게 한없이 기대는 행동은 옳지 못하다고 생각하고 스스로 엄격하게 자제하는 사람이다. 사실은 기대고 싶지만 '옳지 않아.' 하는 생각 때문에 스스로의 마음을 애써 억누르고 있다. 사람들 앞에서는 자기가 하고 싶은 대로 하면 안 된다는 생각에서 항상 양보하고, 하고 싶은 것도 솔직하게 못 이야기한다. 이런 유형의 사람들은 자기 스스로 기대고 싶은 마음을 억제하는 것은 물론 다른 사람에게도 같은 생각을 강요한다. 특히 사람들이 많이 모이는 곳과 공공장소에서는 공중질서에 목숨을 걸고 사람들을 훈계하려 한다.

Test 16 진단 결과

부탁하는 일이 당연한 최고의 응석받이

사람들 앞에서는 자기주장을 하지 않고 조용히 있지만 본성은 놀라운 응석받이다. 자신은 다른 사람을 위해 어떤 것도 하지 않지만, 자신이 하고 싶은 일을 다른 사람에게 부탁하는 것은 너무나 당연한 일. 특히 일상적인 일에서 이런 성향이 두드러져 콧대도 높기 때문에 자신을 마치 귀족 아기로 착각하는 듯하다. 게다가 상대가 해준 일보다는 해주지 않았던 일만 기억하기 때문에 언제나 감사할 줄 모르고 서운해하고만 있다.

누군가를 만나 기대고 싶은 외로운 사람

혼자 있는 시간을 견디지 못하며 외로움을 많이 탄다. 그래서 누군가와 만나서 따뜻한 이야기를 하면서 마음을 위로받고자 한다. 서로 같이 기대는 관계를 원하지만 자기가 기대는 것보다 상대가 내게 기댄다고 느낄 때 더욱 만족한다. 상대의 응석을 받아주고 힘든 일을 도와주면서 '내가 이 사람에게 정말 필요한 존재구나.' 하는 만족감에 빠져든다. 물론 상대에게 따뜻하고 달콤한 사탕 같은 애정을 선물하면서 기뻐한다. 그러나 자신에게 기대지 않고 강한 척하는 사람을 보면 재수 없다는 생각을 한다.

주목받기 위해 기대는 연기파

다른 사람들에게 호감을 사기 원하고 언제나 상대에게 좋은 인상을 남기려고 노력하는 사람이다. 상대가 기분 좋을 만큼만 기댈 줄 아는 기술이 있는데 이 기술을 이용해 상대에게 주목받고 호감을 얻는다. 언제 어디서 얼마나 기대야 하는지를 정확하게 파악하고 있기 때문에 다른 사람들에게 '매력적인 사람'으로 통한다. 또 상대에 따라 태도를 바꿀 줄 알기 때문에 인간관계에 능하다.

> 이 테스트를 친구와 연인에게 적용해보면 그 사람과 어떻게 친하면 좋을지를 알게 된다. A타입이면 장소와 상황을 잘 분간해서 어른스러운 행동을 하도록 거리를 둔다. B타입이면 "가끔은 약한 척 기대도 돼." 하고 말해주자. C타입이면 가끔 아무 생각 없이 즐겁게 놀 수 있는 계기를 만들어보자. D타입이면 "자기 일은 스스로 할 수 있어야 해." 하는 충고를 아끼지 말자. E타입이면 서로 혼자 있는 시간도 소중하다는 사실을 일깨워주자. F타입이면 "어리광부리고 솔직하게 기대도 괜찮아." 하고 말해보자.

Test 17

잠들어 있는 동물은?

동물원 우리 안에 동물 한 마리가 잠들어 있다. 과연 어떤 동물일까? 자유롭게 이야기해보자.

① 이 동물의 습성은?
② 이 동물과 친해지는 방법은?

Test 17 진단 결과

어떤 동물을 떠올렸는가에 따라 평소에는 감추고 있는 본성을 발견할 수 있다.

이 동물의 습성에 대해 대답한 내용은 평소에 감추고 있던 각자의 본성이다. 또 그 동물과 친해지기 위한 방법은 다른 사람이 본인에게 접근할 때 '이렇게 친해졌으면' 하고 생각하고 있는 방법이다. 더불어 다른 사람이 나를 대할 때 하지 말았으면 하고 생각하는 것이 무엇인지도 알 수 있다.

대답 예

- "감수성이 예민한 동물이므로 조심스럽게 대해주세요." "폭력적으로 대하거나 너무 방치해두면 죽습니다. 그렇다고 너무 과잉보호하면 약해지므로 세심하게 배려해주세요."

이런 습성을 이야기한 사람은 섬세한 본성을 갖고 있다. 아마도 쉽게 상처받고 스스로 그 상처를 치유하기 위해 애를 쓰고 있을 것이다. 외로움을 잘 타면서도 고독을 즐기는 양면성을 가지고 있다.

- **"게으른 동물입니다." "엄하게 교육하세요."**

이런 습성을 이야기한 사람은 스스로를 게으르다고 생각한다. 이런 본성을 이미 자각하고 있기 때문에 엄하게 교육해야 한다고 생각하고 있다. 아마도 평소에 자신의 게으른 습성이 고개를 들려고 하면 엄격하게 스스로를 압박하고 있을 것이다.

- **"사람을 잘 따릅니다." "귀여워해주세요."**

이런 습성을 이야기한 사람은 처음 보는 사람과도 쉽게 친해지며 애교가 많다. 귀여워해달라는 말은 다른 사람보다 더 많이 사랑받고 싶은 본성을 나타낸다.

"뭐든지 잘 먹습니다." "그렇지만 먹이는 주지 마세요." 하고 대답한 사람은 현재 다이어트를 하고 있을 것이다. 또 어떤 남자가 "발정기입니다." "암컷을 찾고 있는 중입니다." 하는 답변을 했다. 이 남자, 지금 어떤 상태일지 충분히 상상할 수 있을 것이다.

Test 18

벚꽃을 보면서 읊고 싶은 시구

다음 시구는 일본 헤이안 시대의 시구 중 명시 세 편이다. 다음 중에 벚꽃을 보면서 읊고 싶어지는 시구는?

A 작가 : 오노노 코마치
벚꽃이 벌써 쓸쓸한 색으로 변해가는구나.
그렇게 오랜 동안 비가 내리더니.
쓸쓸한 세월, 청춘을 보내고
내 모습이 사뭇 벚꽃과 같구나.

B 작가 : 기노 도모노리
봄볕의 따뜻함을 가득 받은
벚꽃처럼 화사한 봄날;
벚꽃은 어찌하여 바람에 흩날려
어지러운가?

C 작가 : 사이교 법사
내 바라는 것은
벚꽃이 한창인 따뜻한 봄날에
저 세상으로 가는 것,
석가모니 돌아가신 음력 2월 보름쯤.

Test 18 진단 결과

어떤 시구를 선택했는가에 따라 판단능력을 알아볼 수 있다.
여기서 소개한 세 가지 시구에서 벚꽃에 대한 세 작가의 서로 다른 감성을 확인할 수 있다. 어떤 시구가 마음에 들었는지에 따라 지성, 감성, 직감을 통한 판단능력을 알아볼 수 있다.

선택한 사람

느낌을 중시하는 감성파

느낌으로 사물을 판단하고 자기 감각에 맞는지를 주관적인 기준에 의해 결정하려는 경향이 있다. 이런 유형의 사람은 정서적인 감수성이 풍부하며, 판단 기준이 모호할 때는 특유의 독창성을 발휘해서 놀라운 평가를 할 수 있는 능력을 가지고 있다. 반면에 정서적으로 불안정하고 감정의 기복이 심하기 때문에 좋고 싫음이 분명하고 자기 마음대로 결정하려는 면이 있다. 논리적으로 이야기를 풀어가지 못하고 자기도 무슨 말을 하고 있는지를 제대로 파악하지 못하는 특징이 있다.

고정관념에 좌우되지 않는 지성파

사고를 해서 머리로 납득할 수 있는지 없는지로 사물을 판단한다. 그 판단력이 살아 있을 때는 고정관념과 선입견에 좌우되지 않고 냉정하고 객관적인 판단을 할 수 있다. 그러나 반대로 인간의 모순된 감정과 사고방식을 받아들여 이해하지 못하고, 뭐든지 머리로 이해하려는 경향이 있다. 이 타입의 사람은 판단하기까지 시간이 걸리고, 뭔가를 생각할 때도 옆에서 보면 그냥 멍하게 있는 것처럼 보이기도 한다.

본능적인 직감력에 승부를 거는 직감파

경험과 본능적인 감각에서 오는 직감으로 사물을 판단한다. 이 직감력이 흔들려 판단력이 흐려지면 사물 전체를 통찰하는 능력으로 눈앞에 놓인 사건과 사물, 혹은 사람의 본성을 꿰뚫어보는 능력을 발휘한다. 그러나 자기만의 감각과 경험에 의존하려는 경향이 지나치기 때문에 추상적인 사고를 하기 어렵다. 이런 유형의 사람은 사물의 미묘한 차이와 의미를 이해하기 어렵고 섬세한 표현이 힘들기 때문에 언제나 큰 틀에서 생각하고 결정하는 경향이 있다.

Test 19

나의 자화상은?

만약 자화상을 그린다면 어떤 식으로 그리고 싶은가?
다음 그림을 보고 대답해보자.

Ⓐ 뒷모습

Ⓑ 앞모습

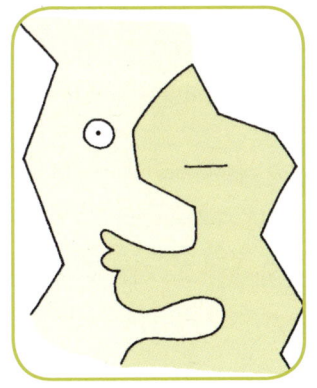
Ⓒ 추상화

Ⓓ 옆모습

Test 19 진단 결과

이 테스트를 통해 자신이 갖고 있는 본인의 이미지와 자신에게 필요한 친구가 어떤 타입인지를 알아볼 수 있다.

선택한 사람

고독을 즐기는 기인. 사교성이 풍부한 친구가 필요하다

자타가 공인하는 기인으로 다른 사람들과 어울리기 힘들어하며 비사교적인 성향이 강하다. 세상 돌아가는 이야기 또는 계절, 장소에 따른 인사말 등 무의미하지만 모두가 평범하게 하는 이야기가 입에서 나오지 않고 하고 싶지도 않다. 결국 세상과 멀어지고 사람들과 멀어져 혼자 있는 시간을 즐기게 된다. 그러나 관심 분야가 생기면 좁고 깊게 파고들어가는 습성이 있어서 이 분야에 대한 이야기가 시작되면 처음 보는 사람과도 쉽게 이야기할 수 있다.

필요한 친구 타입 공통의 관심사에 대해 이야기할 수 있는 친구. 특이한 성격을 이해해주고 적극적으로 다른 세상을 보여줄 수 있는 친구로 언제나 사교적이고 밝은 성격의 친구가 필요하다.

의외로 평범한 사람. 조금 특이한 친구가 필요하다

스스로 생각하는 것 이상으로 평범한 사람이다. 사람들 앞에서는 멋있어 보이려고 노력도 하지만 친구들 사이에서는 미워할 수 없는 평범하고 착실한 타입이다. 사교성도 풍부해 사람들과 잘 어울리며 주위 사람들에게도 적극적으로 다가가는 등 커뮤니케이션 능력도 갖추고 있다. 의외로 귀가 얇아 주변 사람들의 말과 잡지, 광고, 방송 등에서 말하는 유행과 패션에 따라 쉽게 마음이 움직인다.

필요한 친구 타입 스스로 정도를 걷고 있으며 상식적이고 올바른 사람이라고 생각하고 있다. 물론 그렇지만 이대로라면 주변의 친구는 평범한 사람들로 가득 차게 될 것이다. 그렇게 되면 시야가 좁아지고 편견이 생기게 된다. 따라서 조금 기이한 생각을 하고 독특한 발상을 할 줄 아는 친구가 필요하다.

비관적인 사람. 자유롭고 마음이 넓은 친구가 필요하다

'나는 나, 너는 너'라는 생각으로 살아가는 사람이다. 사물을 언제나 비판적으로 바라보고 듣기 좋은 말, 칭찬을 할 줄 모른다. 상대의 어두운 부분, 감추고 싶어하는 부분을 일부러 끄집어내어 폭로하고 싶어하며 모든 사물을 비틀어진 각도로 보려 한다. 비판적이고 부정적인 성격과는 달리 자기가 좋아하는 것, 사랑하는 사람에게는 온갖 정성을 기울이며 모든 열정을 쏟아붓는 사람이기도 하다.

Test 19 진단 결과

필요한 친구 타입 모든 사람이 좋아해주기를 바라는 것은 너무나 큰 욕심이다. 지금 필요한 친구는 세상의 기준에 맞춰진 상식에 얽매이지 않고 자신을 있는 그대로 바라봐 줄 수 있는 사람, 경제적으로 여유롭지 못하더라도 긍정적으로 자유롭게 살아가는 사람이다.

자기만 특별하다고 생각하는 고립주의자. 발이 넓고 명랑한 친구가 필요하다

자의식이 너무 강한 나머지 다른 사람들보다 수줍음이 많다. 다른 사람들 앞에서 자연스럽게 행동하지 못하고 금방 얼굴을 붉히고 말수가 줄어드는 등 평소와 전혀 다른 사람으로 변한다. 스스로를 다른 사람과 다른 특별한 존재로 생각하고 다른 사람들이 자기를 보고 웃는다는 착각을 하기도 한다. 그러다 '모두가 행복한데 나만 불행해' 하며 스스로를 비관하기도 하며 자기만의 우울한 세계로 빠져들기도 한다. 하지만 자신이 생각하는 만큼 다른 사람들이 자신을 주목하지도 의식하지도 않음을 알자.

필요한 친구 타입 언제나 자연스럽게 행동하고 발이 넓으며 행복하고 긍정적인 친구가 필요하다.

주변 친구들에게도 이 테스트를 해보자. 평소에는 상식적이라고 생각했던 친구의 전혀 다른 모습을 볼 수도 있다. A라고 대답한 사람은 항상 뭔가의 이유를 찾고 하나에 골몰하는 스타일. 누구도 관심을 갖지 않는 희귀한 일과 사람에 대해 관심을 갖고 끝까지 탐닉한다. B라고 대답한 사람은 세류에 휩쓸리기 쉬운 사람. 꽤 많은 것을 알고 있지만 실은 TV와 잡지 등에서 흘러나온 말들을 주워 모은 것에 불과하다. 가끔씩 확실히 모르면서도 아는 척하기도 한다. C를 선택한 사람은 한 마디로 표현하기 어려운 사람. 농담인지 진담인지 알 수 없는 모호한 발언으로 상대를 당혹스럽게 하고, 성실한 사람인 것 같다가도 전혀 상상할 수 없는 행동으로 주위를 놀라게 한다. D를 선택한 사람은 미의식이 뛰어난 사람. 기분파여서 크게 도움이 되지는 않지만 친구가 많이 괴로워할 때면 위로가 되어주는 사람이다.

Test 20

공주 드레스를 입어볼 기회다!

공주 드레스를 몸에 대보고 큰 거울 앞에 섰다. 어떤 생각을 할까?

A '이렇게 답답한 옷은 절대 못 입어!'

B '이 드레스 정도면 누구에게도 꿀리지 않을 거야!'

C '나한테 어울리나?'

Test 20 진단 결과

이 테스트를 통해 현실 속의 자신의 역할에 대해 어떻게 생각하고 있는지를 알아볼 수 있다.

선택한 사람

A 지금 이 세계에서 탈출하고 싶어!

일정한 틀에 짜여진 생활이나 규칙에 얽매인 생활에서 벗어나고 싶을 것이다. 분명 자신이 가지고 있는 에너지를 발산하지 못해 온몸을 뒤틀고 있을 것이며, 지금 여기서 탈출하고 싶다는 충동 때문에 고민이 많은 시기이다. 또 너무나 솔직한 나머지 복잡한 사회생활을 버텨내기 어렵다. 따라서 원래 가지고 있던 능력보다 훨씬 못한 일을 하고 있거나 역경의 시간이 길어서 힘든 나날을 보내고 있을지도 모른다. 지금 여기서 마음을 다잡고 새로운 일에 과감히 도전해보는 것도 좋겠지만 지금의 역할을 받아들이고 인내를 가지고 최선을 다해보는 끈기 있는 자세도 필요하다.

맡은 역할 이상의 능력을 발휘하고 싶어!

선택한 사람

'이상적인 나'에 대한 확고한 이미지가 있고 그 이미지대로 행동함으로써 그런 사람이 되고 싶고 또 될 것이라고 믿는다. 자신이 생각하는 이상적인 모습은 각계각층에서 이름을 날리고 있는 유명한 사람들이다. 이런 사람들을 꿈꾸고 있다면 이상뿐만 아니라 그 사람들이 성공하기까지 힘들었던 과정을 어떻게 극복했는지에 눈을 돌려 실질적인 노력을 해보면 어떨까?

상황에 맞게 역할에 최선을 다하고 싶어!

선택한 사람

주변 사람들이 자신에게 어떤 기대를 걸고 있으며, 앞으로 어떻게 해야 하는지를 세심하게 확인하고 그 상황에 맞춰 행동하는 사람이다. 따라서 어떤 환경에 있어도 그 상황에 따른 행동을 취하게 된다. 즉 자기에게 주어진 일에 따라 전혀 다른 모습으로 일을 추진하는 능력이 있다. 그래서 어떤 일을 하는가에 따라 전혀 다른 사람이 될 수 있다. 언제나 올바른 일을 할 수 있는 강한 의지력과 자신감을 가지고 행동하는 자세가 필요하다.

제2장 내 진짜 성격이 이래?

Test 21

서랍 속에 들어 있는 물건은?

이 책상 서랍 속에는 어떤 물건이 들어 있을까?

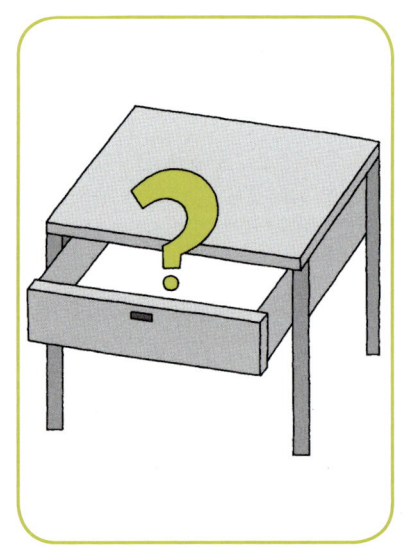

A 사진과 앨범

B 장난감과 게임도구

C 예금통장과 도장

D 일기와 일지

Test 21 진단 결과

이 테스트는 자신의 추억을 어떻게 회상하는지를 알아볼 수 있다.
서랍 속에 들어 있는 물건은 각자가 소중하게 생각하는 과거의 추억이다. 어떤 추억을 어떻게 기억하고 하고 있으며 회상하고 있을까?

지나간 일은 모두 좋은 추억으로 간직하는 유형

가족과 친구 등 사이가 좋은 사람, 혹은 친했던 사람에 대한 일들을 잘 기억하고 있는 사람이다. 그리고 이런 사람들과 함께 보낸 시간들은 모두 소중하고 아름다운 추억으로 간직하고 있으며 회상할 때마다 기분이 좋아진다. 추억을 있는 그대로 순수하게 그리워한다.

즐거웠던 일만 기억하는 유형

어릴 적 친구들과 어울려 놀았던 기억과 모험, 정말 좋아하던 일들만 기억하는 사람. 그런 기억들은 대체로 즐거웠던 일이 대부분이지 않을까? 이런 유형은 과거보다는 미래에 관심이 더 많으며 과거의 이야기에 연연해하지 않는 사람이 많다.

추억은 인생의 증명서라고 생각하는 유형

몇 살 때는 이런 일이 있었고 몇 년 몇 월 며칠에 저런 일이 있었다는 식으로 자신의 기억을 시간순으로 정확하게 정리해 회상하는 사람이다. 추억은 마치 연혁이나 이력서처럼 정리되어 있다. 그래서 다른 사람이 일대기를 써놓은 것처럼 정리되어 있지는 않은지?

과거 기억에 연연해하는 유형

과거에 집착하는 습관이 있으며 과거 일에 감정적으로 대응하는 사람이다. 즐거웠던 일을 회상하려면 동시에 안 좋았던 일까지 떠오르는 사람이기도 하다. 결국 '그때는 이렇게 했으면 좋았을 것을…….' 하며 후회만 하고 있지는 않은지? 추억을 소중하게 생각하고 싶지만 추억에서 빠져나오지 못하는 유형이다.

Test 22

나는 좋은 사람이라고 생각하는데?

다음 항목을 읽고 '딱 내 얘기'라고 생각하면 2점, '조금 맞는 것 같다.' 혹은 '그저 그렇다.'면 1점, '전혀 아니다.'면 0점으로 처리해서 □ 안에 써넣자. 그리고 문항이 끝나면 합산해보자.

- □ 점원의 실수로 거스름돈을 잘못 받았을 때는 항의해서 제대로 받아내지만 조금 많이 거슬러 받았을 때는 모르는 척한다.
- □ 먼저 돌아간 사람의 험담을 하고 소문을 이야기하면서 즐거워한 적이 있다.
- □ 정말 싫은 사람이 힘든 상황에 처하면 '맛 좀 봐라.' 하는 생각이 든다.
- □ 어떻게 하면 되갚아줄 수 있을까를 고민하면서 복수의 칼날을 세운 적이 있다.
- □ 지하철과 버스에서 아기가 울면 시끄럽다는 생각에 화가 난다.
- □ 친하게 지내는 친구와 동료 중에는 아무리 해도 진정한 친구가 될 수 없는 사람이 있다.
- □ "왜 도와주지 않는 거야!" 하면서 신과 조상을 원망한 적이 있다.
- □ 유명한 사람이 불행한 일을 당한 뉴스를 보면 왠지 흥미진진하다.

- ☐ 애완동물을 길러도 목욕을 시키고 먹이를 주는 일은 결코 즐겁지 않다.
- ☐ 복권에 당첨되면 전액 나를 위해 사용한다. 결코 기부 따윈 하지 않을 것이다.
- ☐ 세상에 제일 훌륭한 사람은 부자이며 부자는 미인을 얻을 수 있다고 생각한다.
- ☐ 노인과 어린아이를 돌보는 일은 정말 재미없다.
- ☐ 친구의 성공을 배아파해본 적이 있다.
- ☐ 나는 나쁘지 않으며 상대가 나쁘다고 믿고 있다.
- ☐ 다른 사람 말을 들어주는 척하지만 실제로는 딴 생각을 하고 있는 경우가 많다.
- ☐ 인터넷 음란 사이트에 몰래 들어가 한 번 봤으면 좋겠다는 생각을 한 적이 있다.

합산 점수

점

Test 22 진단 결과

이 테스트에서는 자신이 얼마나 위선자인지 알아볼 수 있다.

90% 위선자

거의 모든 항목이 'O점'인 사람은 어린아이처럼 순수한 영혼을 가지고 있는 사람이다. 혹은 수행을 거듭한 성직자이거나 성인인 척하는 위선자일 것이다. 솔직히 어느 쪽인가? 어린아이처럼 순수한 영혼을 가졌다고 당당하게 말할 수 있을까? 만약 이 테스트를 하고 있는 사람이 성직자라면 번뇌와 고통의 시간을 보내고 있으므로 예외로 하고, 역시 위선자 기질이 높은 사람임에 틀림없다.

75% 위선자

순수한 사람이다. 혹은 '이렇게 해야 해.' 하는 강박관념으로 본심을 포장하고 있는지도 모른다. 나쁜 생각이 들 때면 '이런 생각을 해서는 안 돼!' 하면서 끊임없이 스스로를 다스리거나 사람들 앞에서는 더더욱 그런 감정을 숨기려고 노력한다. 이렇게 함으로써 본인은 선량한 시민이라고 확신하고 있다.

접인 사람

45% 위선자

본심에 솔직한 사람으로 스스로를 포장하려 하지 않는 사람이다. 친한 사람들에게는 솔직하게 본심을 말해버리곤 하기 때문에 "너도 그렇게 생각해? 사실은 나도 그래."라는 답변을 얻기도 한다. 그러나 평소에는 본심을 최대한 감추고 선량한 시민처럼 행동한다. 물론 한계에 다다르면 참지 않고 본심을 폭로해버린다.

점 이상인 사람

10% 위선자

언제나 본심을 있는 그대로 표현하는 사람이다. 본인은 겉과 속이 다르지 않은 솔직한 사람이라고 생각할지 모르지만 다른 사람들 눈에는 조금 과하게 솔직한 면이 있다. 사람들의 진심어린 호의와 선의를 그대로 믿지 못하고 '세상 사람들은 모두 나처럼 나쁜 생각을 하고 산다.'고 단정하는 버릇이 있다. 그러나 세상에는 정말 착하고 친절한 사람들이 많다는 사실을 깨닫고 조금 더 관용의 미덕을 쌓아야 하지 않을까?

COLUMN

자기 영역을 지키려는 행동에서 성격을 안다

우리는 다른 사람이 침범하지 않기를 원하는 나만의 공간을 가지고 있다. 이 공간을 '자기 영역' 혹은 '퍼스널 스페이스'라고 한다. 이 영역을 침범받으면 거의 모든 사람이 엄청난 불쾌감을 느낀다.

적극적이고 자기 주장이 강한 성격의 사람이 내성적이고 조용한 성격의 사람들에 비해 다른 사람과 이야기를 할 때면 조금씩 가까이 다가가는 습관이 있다. 그래서 내성적인 사람들이 적극적인 사람들과 이야기를 할 때면 자기 영역을 보호하고자 하는 본능적인 작용으로 조금씩 거리를 두면서 멀어지려고 한다.

또 공격적이고 지배적인 성격의 사람은 공공장소에서도 자신의 영역을 넓게 잡고 다른 사람이 들어오지 못하도록 강력하게 방어한다. 예를 들어 세 명이 앉을 수 있는 의자에 혼자 앉아서 다른 공간에 자기 물건을 올려놓고 다른 사람이 앉을 수 없도록 하는 등 물리적인 방법을 동원해 자기 공간을 확보하려고 한다. 이런 사람들을 보면 피하든지 가까이 다가가지 않는 것이 좋다.

인간관계에 신경을 쓰고 협동심이 강한 사람은 상대에게 다가가는 습성이 있다. 특히 다른 사람에게 필요한 존재가 되고 싶고 사랑받고 싶다는 욕구가 강하고 외로움을 잘 타는 사람이라면 가볍게 상대의 손을 잡거나 어깨를 만지는 등 신체 접촉을 좋아하는 경향이 있다.

제3장

"행복한 연애를 하고 싶어!"

이 사람이 내 사람일까?

"나의 천생연분은 어디에?"

나와 같은 가치관을 공유하는 사람이 나올까, 아니면 전혀 다른 가치관을 가진 사람이 나올까? 나와 천생연분인 사람은 어느 쪽?

Test 23

어느 사과를 먹을까?

사과나무에 사과가 열렸다. 이 나무에 열린 사과를 하나만 먹을 수 있다. 다음 그림을 보고 어떤 사과를 먹을지 생각해보자.

A 손을 뻗어도 닿지 않는 곳에 있는 사과

B 뒤꿈치를 들면 손이 닿는 사과

C 금방 딸 수 있는 곳에 달려 있는 사과

D 방금 막 떨어진 깨끗하고 예쁜 사과

Test 23 진단 결과

이 테스트를 통해 연인을 선택할 때 얼마나 큰 이상을 가지고 사람을 찾는지를 알 수 있다.

비현실적으로 완벽한 이성을 찾아헤매는 유형

너무나 완벽한 이성을 찾고 있지는 않은지? 현실 속에서 만나는 이성들은 대부분 뭔가 한 가지씩은 결점을 가지고 있기 때문에 웬만해서는 마음에 들지 않는다. 또 지금 사귀는 사람이 있다고 해도 언제나 상대에 대한 불만으로 가득할 것이다.

주변의 평범한 인물들이 아닌 좀 더 멋진 인물을 찾고 싶은 유형

이상형이 정해져 있어서 그 틀에 맞는 사람을 찾기보다는 '나는 쉽게 사귈 수 없는 사람이야!' 하며 콧대를 높이고 스스로를 가꾸기 위해 노력하는 유형이다. 따라서 자기 이미지를 낮출 것 같은 이성과는 결코 연인이 될 수 없다고 생각한다.

선택한 사람

동료와 친구들 중에서 연인을 선택하는 현실적인 유형

직장, 학교, 혹은 친구들 중에서 좋아하는 사람을 찾아내고 그 사람과 연인으로 발전하기를 원하는 현실적인 사람이다. 그래서 의외로 많은 이성들에게 호감을 사고 있을지도 모른다. 그러나 자아도취는 금물! 바꿔 말하면 스스로 많은 사람들에게 "나와 사귀어볼래요?" 하는 말을 흘리고 다녔다는 얘기일지도 모른다.

선택한 사람

아무 생각 없이 선택한 사람이 천생연분이 되는 유형

아무 생각 없이 곁에 있는 사람과 연인이 되는 사람. 예를 들어 이상적인 이성이 있다고 해도 '이상은 이상일 뿐!'이라는 생각이 강한 사람이다. 그냥 보면 아무 생각 없이 이성을 고르고 있는 듯해도 자신의 이상을 고집하지 않고 오래도록 질리지 않을 사람을 고르는 성향이 있다.

Test 24

걸어갈까? 택시를 탈까?

유원지에서 데이트를 즐기고 집으로 돌아가는 길. 가장 가까운 지하철역까지는 걸어서 약 20분 정도 걸린다. 물론 유원지 앞에서 버스를 타도 되고 택시를 타도 된다. 연인이 어떤 교통수단을 권하기를 원하는가?

A "걸어서 역까지 갈까?"

B "버스 타고 갈까?"

C "택시 탈까?"

Test 24 진단 결과

이 테스트를 통해 지금 하고 있는 연애에 거는 기대감을 알아볼 수 있다.

A 단지 연애하는 상황을 즐기고 있을 뿐

둘만의 로맨틱한 시간을 즐기고 싶은 마음이 너무 큰 것 같다. 상대에 대해 더 알고 싶고, 상대에게도 내 이야기를 더 많이 해주고 싶은 마음이 너무 큰 나머지 자의식 과잉상태에 빠져 있지는 않은지? 상대가 나를 어떻게 생각하는지에만 신경을 쓰고 있어서 상대를 객관적으로 바라보는 눈을 갖지 못하고 있으며, 결국 연애하는 상황과 연애를 하고 있는 상태에 빠져 있는지도 모른다.

B 성실한 사람이므로 우선 친구가 되어보자

당분간은 친구로 지내면서 관찰해보자는 생각이 있는 듯하다. 이런 생각은 상대에게 좀더 성실하게 다가가고 싶고 자신에게도 정직하고 싶다는 의미이기도 하다. 급하게 서두르지 말고 둘이 앞으로 잘될 수 있을지를 생각해보자. 지금은 사귀게 된다면 모든 사람에게 알리고 공인된 커플로서 당당하게 사귀고 싶다는 의지가 강한 상태이다.

C 선택한 사람
친하게 지내고 싶지만 성적인 관계를 더 원하는지도

상대와 더욱 친하게 지내고 싶은 마음이 있지만 성적인 관계에 비중이 큰 것은 아닌지? '이대로 택시 타고 어디론가 가서 육체적인 관계를 가져보는 것도 좋지 않을까?' 하는 음흉한 생각을 하고 있는지도 모른다. 이런 마음이 순수한 연애 감정인지 아니면 단지 상대와의 육체관계에 대한 호기심을 충족시키기 위함인지 판단하기 어려운 상황이다.

> 데이트 장소에 따라 버스를 지하철로 바꿀 수도 있다. 실제로 데이트 상대가 어떻게 대답했는가에 따라 그때의 기분을 알아볼 수 있다. 상대가 "택시를 타고 가자." 하고 대답했다면 지금 그 사람과 어떤 관계로 있고 싶은지를 곰곰이 생각한 다음 행동을 하는 지혜를 발휘해보자.

Test 25

데이트 코스를 골라보자

드디어 첫 번째 데이트 날! 나라면 어느 쪽을 선택할까? 각 장면별로 하나를 골라보자.

남자친구와 만날 약속 장소는 어디인가?

A 서점

B 꽃가게

유원지에서 두 사람이 탈것을 고른다면?

A 회전목마

B 스릴 넘치는 열차

Test 25

Q3

유원지에서 나와 공원에 산책을 갔다.
다음 중 어떤 다리를 건너고 싶은가?

A 아름다운 구름다리

B 흔들리는 다리

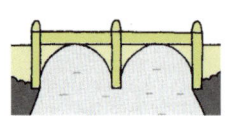
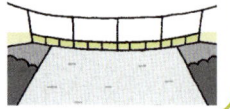

Q4

커피를 마시면서 잠시 쉬기로 했다.
어떻게 앉을까?

A 마주보고 앉는다.

B 나란히 앉는다.

영화를 보기로 했다. 영화 잡지를 보니
두 영화 모두 좋은 평을 얻고 있다.
어떤 영화를 볼까?

A 판타지 영화

B 공포영화

Q 6

영화가 끝나고 둘이 거리를 걷고 있는데
친한 친구와 마주쳤다. 소개를 한다면
누구에게 누구를 먼저 소개해줄까?

A 친구를 남자친구에게 먼저 소개한다.

B 남자친구를 친구에게 먼저 소개한다.

제3장 이 사람이 내 사람일까?

Test 25 진단 결과

이 테스트에서는 연애 진전 속도를 알아볼 수 있다.
연인의 사랑이 무르익는 데는 로맨틱 분위기만 한몫을 하는 것은 아니다. 조금 무섭고 재미있는 경험도 훌륭한 자극이 될 수 있다. 또 상대와 무의식적으로 거리를 두는 방법도 연애를 진전시키는 역할을 한다. 각 장면에서 답한 B의 개수를 세어본 다음 결과를 확인해보자.

B가
6
개인 사람

한번 좋아지면 거침없이 달려드는 폭주형

일단 좋아지면 첫 데이트 때부터 심장이 터질 듯한 설렘을 경험하고 그날 둘 사이에 어떤 일이 벌어져도 받아들일 준비가 되어 있을 정도로 푹 빠져든다. 따라서 둘 사이의 사랑이 무르익는 것도 시간문제. 그러나 상대가 어떤 사람인지 정확히 파악하기도 전에 너무 빨리 깊은 관계로 진전해버릴 위험이 있다. 조금은 신중한 연애를 하자.

B가
4~5
개인 사람

금방 친해지는 급속형

몇 번만 데이트를 하면 쉽게 친해지게 유도하기 때문에 둘의 관계는 금방 친근해진다. 물론 데이트를 계속하면서 상대의 진면목을 보려고 노력하는 모습도 보인다. 이런 유형의 사람들은 자신에게 득이 될 만한 연애를 위해 신중을 기한다.

친구보다는 친하게, 연인보다는 서먹하게! 꾸준형

그저 그런 친구 사이는 싫고 조금은 특별한 관계를 유지하면서 시간을 끈다. 둘 사이의 거리를 좁히기 위해서는 먼저 적극적인 자세를 취할 필요가 있다. 고백의 기회를 엿보다가 대담하게 용기를 내보는 것도 좋다.

친구 이상은 진전시키지 못하는 정체형

데이트를 몇 번씩 하고도 상대의 마음을 전혀 알아차리지 못하고 자기 마음도 전하지 못하는 사람. 어영부영 시간은 흐르고 둘 사이의 관계도 진전될 기미가 보이지 않으면 그냥 친구로 남을 수도. 너무 신중하지는 않은지?

Test 26

물고기는 어디로 돌아가고 싶을까?

수조 속에 물고기 한 마리가 들어 있다. 물고기는 원래 살았던 곳으로 돌아가고 싶어한다. 다음 중 어디일까?

A 남쪽 바다 산호초

B 맑고 푸른 계곡

C 해류 끝의 깊고 깊은 바다

D 깨끗한 호수

Test 26 진단 결과

이 테스트는 자신이 어떤 가정과 배우자를 원하고 있는지를 알 수 있다.

똑똑한 배우자와 자유로운 분위기의 가정

결혼 후에도 결혼 전과 마찬가지로 일을 하고 여행을 하고 친구들을 만날 수 있는 자유롭고 즐거운 가정을 꿈꾸고 있다. 원하는 배우자의 이상형은 자신이 자유롭게 생활하는 것을 묵묵히 지켜봐 주지만 정확히 선을 그어주고 제대로 된 가정을 꾸려갈 수 있도록 노력하는 성실한 사람이다. 물론 경제관념도 있어서 지출을 사전에 관리해줄 수 있는 사람을 원한다.

같은 이상을 가진 배우자와 평등한 가정

자신과 같은 생각을 하고 같은 꿈을 꾸는 사람을 만나 평등한 관계 속에서 꾸려가는 가정을 원한다. 결혼하면 가사 분담도 평등하게 맡아 하고 서로 육아에 힘쓰는 등 진정한 남녀평등이 이뤄지는 가정을 꿈꾼다. 뜻있는 사회활동과 봉사활동에 참여하고 서로의 입장을 존중하면서 함께 발전할 수 있는 동반자이자 동료 같은 배우자를 원한다.

다부진 배우자와 풍족한 가정

결혼해도 꿈을 키울 수 있는 가정생활을 꿈꾼다. 가계부를 정리하면서 경제적으로 항상 긴장하고 여러 가지 잡다한 가사노동으로 시간을 보내는 생활은 결코 하고 싶지 않은 사람이다. 배포가 크고 관용적이며 경제적으로 안정된 배우자와 함께하는 풍족한 결혼생활을 원한다.

성실한 배우자와 흔들리지 않는 가정

미래에 대한 불안에 휩싸이기 쉬운 사람이다. 따라서 불안정한 가정생활만큼은 피하고 싶어한다. 결혼한다면 흔들리지 않고 평온한 생활을 하고 언제나 단란한 가족, 친구들과의 즐거운 모임 등을 꿈꾼다. 배우자로는 성실하고 책임감 있으며 자기 일에 최선을 다하고 꾸준히 노력하는 모범생 스타일을 원한다.

Test 27

나의 연인은 휴대폰을 어떻게 사용하나?

데이트하는 중에 연인이 휴대폰을 어떻게 사용하는지 관찰해보자. 다음 중 어떤 유형인가?

A 같이 있는 시간에도 누군가와 자주 문자를 주고받는다.

B 같이 있을 때는 문자 수신은 하지만 답은 보내지 않는다.

C 자주 전화가 오고, 오는 전화는 모두 받는다. 문자보다는 통화량이 많다.

D 문자가 거의 오지 않고 전화도 오지 않는 편이다.

Test 27 진단 결과

휴대폰을 어떻게 사용하는가에 따라 연인의 바람기를 확인할 수 있다.

양다리를 걸치고 있는지도? 바람기에 주의하자!

자주 문자를 주고받는 사람은 친구가 많고 혼자 있는 시간을 견디지 못하며 한 명의 연인에게 집중하지 못하는 유형이다. 데이트할 때도 계속 문자를 주고받는다면 지금 하고 있는 연애에 얼마나 집중하고 있는지 의심해볼 만하다. 다른 곳에 또 다른 연인이 있을지도.

당신을 소중하게 생각하는 성실한 사람

문자에 일일이 답하지 않는 것은 인간관계에 우선순위를 둔다는 의미이다. 데이트를 할 때에도 문자 수신만 하고 있다면 당신과 있는 시간을 가장 소중하게 생각하고 있다는 증거이다. 이런 사람은 바람피울 여지는 거의 없으나 비밀을 감추고 있는지도?

바람기는 아니지만 일 우선인 사람

자기 일을 가장 중요하게 생각하는 사람이고 일에 몰두하는 유형이다. 데이트를 할 때도 끊임없이 전화가 오고 전화를 받느라 정신이 없다면 정말 바쁜 사람이거나 당신 앞에서 폼을 잡아보려는 사람일 수도 있다. 바람기 걱정은 하지 않아도 된다.

바람기는 전혀 없어 보이지만 친해지기 힘든 사람

문자와 전화가 거의 오지 않는다면 그 사람 주변에 친구가 거의 없거나 사교성이 없는 사람일 수 있다. 이런 사람들은 대체로 친해지기 어렵고 딱딱한 느낌을 주기 쉬우므로 처음부터 일대일 데이트를 시도하지 말자. 또 이런 사람들 중에는 자기가 걸 때만 휴대폰을 켜놓는 사람도 있다. 이런 사람은 지배적인 성격이 강하고 일중독이기 쉽다. 물론 데이트할 때 전원을 꺼놓는 사람이라면 노력하는 연인이라고 해석할 수도 있다. 이런 유형의 사람들은 바람기와는 거리가 멀다.

> 예전에는 그렇지 않았는데 요즘 들어 부쩍 문자 수신음이 자주 나고 문자를 보내는 일이 잦다면 연인에게 뭔가 변화가 생긴 증거! 주의 요망!

Test 28

점심은 어떻게 해결할까?

오늘따라 아침부터 정신 없이 바빴는데 고개를 들어보니 벌써 12시가 되었다. 어떻게 점심을 해결할까?

A "점심은 먹고 하자!"
혼자라도 도시락을 시켜 먹든가 밖에 나가 먹는다.

B "우리, 밖에 나가서 점심 먹자!"
동료들에게 점심을 권한다.

C "일 다하고 밥 먹자!"
일을 끝낼 때까지 점심을 미룬다.

Test 28 진단 결과

이 테스트에서 자신의 결혼 후 라이프스타일을 알아볼 수 있다.

A 가정 제일주의. 저금 액수가 많을지도

선택한 사람

나와 가족의 건강과 행복을 최우선한다. 쾌적한 가정환경을 만들기 위해 노력한다. 여성이라면 전업주부가 많으며 전업주부라는 사실에 전혀 후회하거나 힘들어하지 않는다. 남성이라면 이렇다 할 취미가 없어 중년 이후 부인이 귀찮아할지도 모른다. 돈에 대한 셈이 정확하고 조금씩 모아서 큰 돈을 만드는 능력이 있다.

B 사회적 역할을 중요하게 생각하는 사람

선택한 사람

집 안에서 조용히 시간을 보내는 생활은 체질상 어렵다. 밖으로 나가 활발한 사회생활을 하려고 끊임없이 시선을 밖으로 집중시키고 있을 것이다. 가족들의 뒷바라지만으로 세월을 보낼 수 없다고 생각하며 지역 봉사활동, 종교활동, 학부모회 등 가능한 집 밖에서 할 수 있는 일을 찾아나서 인맥을 넓힌다. 남성이라면 일과 취미생활을 통해 여러 방면에서 넓은 인맥을 가지고 있다. 물론 집 안에 있는 시간은 거의 없다.

풍부한 인간관계와 왕성한 사회생활을 통해 경제적인 어려움은 모르고 생활할 수 있을 것이다.

자극과 변화를 추구. 돈을 모으기는 힘들지도

물질적으로 전혀 부족함 없는 생활을 하고 있다고 해도 지루한 결혼생활에서 탈피하고 싶은 마음에 새로운 일을 찾아나서는 용감함을 보인다. 단순한 취미생활과 간단한 아르바이트 등으로는 만족하지 못하고, 한번 밀어붙이기로 마음먹은 일은 끝까지 하고 마는 스타일. 이런 관심이 자칫 잘못해서 이성에게 치우치면 남편과 부인이 아닌 다른 이성에게 새로운 자극을 원하게 될지도 모른다. 또 돈이 있으면 모두 써버리기 때문에 돈을 모으기 어려운 사람이 많다.

> 이 테스트를 연인과 함께 해봤을 때 답이 똑같이 나왔다면 둘은 천생연분일지도 모른다. 다른 답이 나왔다면 각자의 라이프스타일을 존중하지 않고 이해하지 못할 경우 함께 살아가기 어려울 수도 있음을 명심하자.

Test 29

어떻게 산 정상까지 갈까?

친구와 등산을 갔다. 안내판을 읽어보니 정상까지 오르는데 네 가지 코스가 있었다. 어떤 코스를 선택할까?

A 돈이 좀 들지만 빠르고 쾌적한 케이블카를 탄다.

B 등산의 묘미를 아는 사람만이 선택한다는 암벽타기

C 시간이 좀 걸리더라도 친구들과 이야기하며 걸을 수 있는 안전한 산길

D 사람들이 많지만 가장 유명한 관광코스

Test 29 진단 결과

이 테스트를 통해 왜 결혼하는지를 알 수 있다.

인생의 승리자가 되고 싶기 때문에 결혼한다

한 단계 업그레이드된 생활을 위해 결혼을 결정하는 사람. 따라서 결혼 상대를 고를 때는 아무리 좋아하는 사람이라도 가난하고 장래성이 없는 사람은 과감하게 버리고 안정적인 직업과 탄탄한 경제력을 가진 사람을 선택한다. 남성이라면 미인이면서 부모와 본인의 경제력도 있는 여성을 선택할 것이다. 그리고 모든 사람이 부러워하는 결혼식을 하고 결혼생활을 하길 원한다.

내 삶에 책임을 지고 싶기 때문에 결혼한다

사귀고 있는 사람과 계속 연애를 하다보면 꼭 결혼하게 될 것이라 믿는 사람이다. 이런 순차적인 삶을 통해 자신의 인생에 책임을 질 수 있다고 생각한다. 사귀는 사람이 없다면 효도하는 셈치고 부모가 원하는 맞선자리에 나가서 부모 마음에 드는 배우자를 골라 결혼하겠다고 생각한다. 그리고 견실한 가정을 꾸려가길 원한다.

파란만장한 삶은 싫기 때문에 결혼한다

선택한 사람

평범하게 결혼하고 평범한 일상을 보내는 것이 꿈이라면 꿈인 사람. 파란만장하고 변화무쌍한 삶은 절대 사양하고 싶다. 당신은 전업주부가 되어서 남편이 벌어오는 돈으로 살아가길 원하지는 않는지? 남성이라면 식사 준비, 집 안 청소 등 가사와 자질구레한 주변 정리를 부인이 해줄 것을 기대하고 결혼을 생각할지도 모른다.

안정된 미래를 보장받기 위해 결혼한다

선택한 사람

독신으로 늙어가기는 불안하고 결혼해서 안정된 생활을 하는 편이 사회적으로도 믿음직하게 보일 것 같아 결혼을 선택하는 사람. 안정된 미래를 위한 보험으로 결혼을 생각한다. 따라서 배우자는 성실하게 일하는 사람을 원하며 가정을 중시하는 남성을 찾는다. 남성이라면 가정적인 여성을 원할 것이다. 그리고 철저한 인생 설계를 하는 사람이다.

Test 30

피자를 먹을까?
카레를 먹을까?

친구들과 점심을 먹기로 했다. 그런데 친구들의 의견이 반으로 갈렸다. 한쪽은 카레를, 다른 한쪽은 피자를 먹으러 가자고 한다. 뭐라고 대답하겠는가?

A "뭐든 괜찮아."

B 나머지 친구들에게
"너희는 뭐 먹을래?"

C "나는 피자.", "나는 카레." 하고
한쪽을 정한다.

D "둘 다 별로야."

Test 30 진단 결과

이 테스트를 통해 연인이 바람을 피웠을 때 보일 반응을 알아볼 수 있다.

선택한 사람

모른 척하면서 다시 돌아오길 바라는 유형

인간관계에 파란을 일으키고 싶지 않아 기다리다가 다시 돌아오면 아무 일도 없었다는 듯 받아들이고 예전처럼 지낼 것이다. 설령 돌아오지 않는다 해도 '우리는 결코 헤어지지 않아' 하는 강한 믿음으로 끝까지 기다리기로 마음먹을 것이다.

선택한 사람

증거를 잡아서 자기가 먼저 폭로해버리는 유형

연인이 바람을 피운다는 사실을 알게 되면 증거를 잡기 위해 총력을 기울인다. 그러는 중에 가방을 뒤지고 휴대폰 통화목록과 문자메시지 등을 점검하고 주변 친구들과 의논하면서 세상에 폭로된다. 결국 자신이 일을 더 크게 만들어 돌이킬 수 없는 결과를 낳게 될지도 모른다.

직선적으로 물어본 다음 결단을 내리는 유형

상대가 바람을 피우고 있다는 사실을 알고 난 후에 바로 상대에게 사실을 확인한다. 그리고 상대가 솔직하게 사실을 고백하면 "바람을 멈추든가 나와 헤어지든가 둘 중 하나를 선택하라!"고 상대를 압박할 것이다. 상대가 우유부단하게 나오면 "그럼 우리 깨끗하게 여기서 끝내자!"고 말한 뒤 결단을 내려버리는 사람이다.

상대가 돌아와도 예전으로 돌아갈 수 없는 유형

상대가 바람을 피운다는 사실을 눈치 채면 그때부터 바람피우는 상황을 상상하면서 질투심에 칼을 갈 것이다. 결국 감정을 억누르지 못하고 상대에게 있는 그대로 감정을 폭발해버릴지도 모른다. 상대가 떠나버리면 큰 상처를 받고 한동안 힘들어하지만, 반대로 상대가 자신에게 돌아올지라도 이제 예전으로 돌아갈 수 없을 정도로 냉정해진다.

Test 31

나는 드라마 작가

지금부터 남녀관계의 복잡 미묘한 과정을 풀어가는 TV드라마를 쓰려고 한다. 다음 장면들을 보면서 이야기를 전개시킨다면 어떻게 전개시킬 것인가? 각 장면을 보고 답을 선택해보자.

이제 막 사귀기 시작한 남자친구에게 선물을 받은 여자 주인공. 그녀는 선물을 받자마자 뭐라고 했을까?

A "마음은 고맙지만 아직 이렇게 큰 선물은 받을 수 없어요."

B "어머! 정말 받아도 돼요?"

성실한 남자인 줄로만 알았던 그가 사실은…. 그렇지만 그런 그를 이해할 수 있는 사람은 자신밖에 없다고 생각하는 여주인공. 그는 어떤 면에서 불성실한 것일까?

A 모성본능을 자극하는 갈대 같은 바람둥이

B 조직 폭력배 같은 범법자 집단에 연루되어 있는 범죄자

Test 31

Q3

그런 그를 바라보며 사랑을 지켜온 여주인공 앞에 한 여인이 나타났다. 우연히 여주인공은 그녀와 그가 다정하게 있는 장면을 목격하고 말았다. 순간 주인공은 어떻게 생각했을까?

A '저 여자가 유혹한 게 틀림없어! 나쁜 여자 같으니!'

B '양다리를 걸치다니 용서할 수 없어!'

Q4

여주인공이 그에게 바람피운 사실에 대해 집요하게 물어보자 그는 그녀 곁을 떠났다. 눈 내리는 길 위에 쓰러져 서럽게 울면서 그녀는 그에게 뭐라고 말했을까?

A "그래도 나는 당신을 사랑해!"

B "날 무시하지 마! 절대로 용서하지 않을 거야!"

Q5

며칠이 지난 뒤 여주인공은 권총을 들고 그를 찾아갔다. 그에게 총을 겨누며 그녀가 뭐라고 말했을까?

A "부탁해. 나랑 같이 죽자!"

B "너 같은 놈은 아예 없어지는 게 좋아. 내가 죽여주지!"

제3장 이 사람이 내 사람일까?

Test 31 진단 결과

이 테스트를 통해 스토커 기질을 파악할 수 있다.
선택한 줄거리를 토대로 나를 차버린 이성에게 얼마나 미련을 가지고 있는지, 혹은 이미 떠난 연인을 붙잡기 위해 얼마나 노력하는지를 알아볼 수 있다.

A가
개인 사람

스토커 기질 90%

좋아하는 사람이 생기면 결코 그 사람을 잊지 않는 유형이다. 설령 그 사람이 자신의 곁을 떠나거나 눈길 한 번 주지 않는다고 해도 결코 그 사람을 포기하지 않는다. 그리고 그 사람 주위를 맴돌고 집 앞에서 하염없이 기다리거나 선물을 보내는 등 스토커 증세를 보인다.

A가
개인 사람

스토커 기질 65%

미련이 많아 헤어진 연인을 금방 잊지 못하고 상대가 어떻게 지내는지, 뭘 하는지 등등 관심을 끊지 못하는 유형이다. 발신번호가 뜨지 않도록 해서 전화를 걸어보는 등 계속 연락을 시도한다. 실제로 과격한 행동을 하지는 않지만 마음만은 완벽한 스토커이다.

스토커 기질 30%

그다지 미련을 갖거나 집착을 하지 않는 사람이다. 자기에게 호의를 보이지 않는 사람에게는 관심을 갖지 않으며, 떠난 사람과 헤어진 연인에 대해 미련을 갖지 않고 빨리 잊으려고 노력한다. 그리고 다음 만남을 기다리며 새로운 연인을 찾는다. 스토커 기질은 거의 없으며 맺고 끊음이 정확한 편이다.

스토커 기질 10%

집착과 미련이라는 단어와는 거리가 먼 사람이다. 자기를 버린 사람이나 헤어진 사람과의 추억까지도 모두 버리고 아예 없었던 일로 잊어버리는 사람. 표면상으로는 뒤끝 없이 깔끔한 것 같아 보이지만 스토커 기질이 높은 사람보다 상처받기 쉬운 유형이다. 상처받은 마음을 감추려고 더욱더 외피를 강하게 감싸고 있는지도 모른다.

Test 32

나에게 식사란 무엇인가?

과연 식사란 무엇이라고 생각하는가? 자유롭게 말해보자. 친구와 연인에게도 물어보자.

Test 32 진단 결과

이 테스트를 통해 성적인 행위에 대해 어떻게 생각하는지를 알아볼 수 있다. 식욕과 성욕은 본능적인 욕구이며 서로 닮은 부분이 있다. 그 사람이 식욕을 어떻게 생각하고 있는가에 따라 성욕에 대한 생각도 짐작해볼 수 있다. 직접적으로 "성적인 행위에 대해 어떻게 생각해?" 하고 물어볼 수 없을 때 이 테스트를 활용하면 상대방의 본심을 파악할 수 있다.

대답 예

- "어릴 때는 배만 부르면 된다고 생각했는데 요새는 맛에 민감해졌어."

젊은 시절에 혈기 왕성했을 때는 '상대에 상관없이 성욕만 해소할 수 있다면 OK'라고 생각했지만 지금은 여성을 바라보는 시각 자체가 달라졌다는 의미로 해석할 수 있다.

- "맛은 별로 중요하지 않아. 맛보다는 양이지. 덮밥과 일품요리도 좋지만 역시 양이 적으면 화가 나거든."

에너지는 왕성한 편이지만 상대에 대해 취향이 정해져 있는 사람은 아니다. 여자친구와 부인이 있는 사람이라면 다른 여성에게 눈을 돌려 바람을 피울 여지도 거의 없다.

• "맛있는 음식을 여러 종류 놓고 조금씩 먹어보고 싶어. 좋아하는 음식과 그렇지 않은 음식이 정해져 있는 편이지만 많은 음식 중에 싫은 음식은 빼고 먹으면 된다고 생각해. 하지만 데이트할 때는 좀 달라. 뭐든 잘 먹고 많이 먹게 되거든. 그래서 가끔은 소화불량으로 고생하고 후회한 적도 많아."

친구는 많지만 정해진 연인은 없는 사람이다. 보통 육체적 관계로만 여러 명과 사귀는 경우가 많다.

• "영양을 생각하면 세 끼를 꼭 챙겨먹어야 한다고 생각하는데 바쁘게 움직이다보면 불규칙한 식사를 하게 되지. 식사는 양질의 식사를 천천히 꼭꼭 씹어가며 맛을 음미하고 싶어. 그렇지 못한 식사는 아예 하지 않는 게 낫다고 생각해. 지금은 제대로 된 식사를 하고 싶어."

이런 유형은 성실한 사람이다. 결혼하고 싶은 마음이 간절한 총각일 가능성이 높다.

> 양념이 진한 음식을 좋아하는 사람은 성적인 에너지가 강한 사람으로 격렬한 육체관계를 원한다. 담백한 맛을 좋아하는 사람은 성적인 부분도 깔끔하고 담백한 쪽을 선호한다. 그러나 맛이 진한 음식을 좋아하는 사람보다 변태 행각에 대한 상상을 더 많이, 더 자주 하는 사람이기도 하다.

Test 33

이상적인 데이트는?

어떤 데이트가 하고 싶은가? 다음 중 가장 동경하는 데이트 모습은?

Ⓐ 여름 바다에서 함께 수영한다.

Ⓑ 도서관에서 함께 공부하거나 노트북을 펴놓고 연구한다.

Ⓒ 멋진 옷을 차려입고 클래식 콘서트에 간다.

Ⓓ 오픈카를 타고 드라이브

Test 33 진단 결과

이 테스트를 통해 사귀고 있는 동안 상대의 어떤 부분이 싫어질지를 예측해볼 수 있다.

질투심이 많고 독점욕이 강한 사람은 정말 싫어!

상대가 쉽게 질투심에 불타서 이성과 잠시 이야기하는 장면만 목격해도 화를 내는 사람에게 경멸을 느낀다. 또 자유를 억압하고 자기 멋대로 하려드는 사람과는 연인관계를 오래 지속시킬 수 없다.

입이 가볍고 내 세계를 침범하는 사람은 정말 싫어!

상대가 나의 일거수일투족에 관심을 갖고 참견을 계속하면 경멸을 느낀다. 게다가 같이 있을 때는 정말 별것도 아닌 이야기로 혼자 웃고 떠드는 사람과는 오래 있을 수 없다고 생각한다. 이런 사람과의 관계는 지속되기 어렵다.

예술에 관심이 없는 사람은 정말 싫어!

상대가 센스 없는 무감각한 사람이거나 예술과 미학에 전혀 관심이 없는 모습을 보면 경멸을 느낀다. 그림, 음악, 연극 등 예술적인 분야에 관심이 없고 저속한 농담과 삼류 비디오테이프 같은 것에 관심을 보이는 사람과는 결코 관계를 지속시킬 수 없다.

상식과 협동심이 부족한 사람은 정말 싫어!

연인관계인 상대가 상식 밖의 행동을 서슴지 않고 협동심이 부족하고 말도 안 되는 생각을 하는 등 부모와 친구에게 소개하기 어려운 사람에게 경멸을 느낀다. 다른 사람들과 잘 지내고 상식적인 사람이 아니면 결코 좋은 관계를 유지할 수 없다.

Test 34

나는 왜 연애를 잘 못할까?

Q1에서 시작해 '예', '아니오'로 대답하면서 지시에 따라 문제를 풀어본 다음 결과를 알아보자.

Start

Q1
어차피 할 일이라면 얼른 해치운다.
예 ⇨ Q5로
아니오 ⇨ Q3으로

Q2
"오늘 며칠이지?" 하는 질문에 바로 대답하지 못하는 경우가 많다.
예 ⇨ Q9로
아니오 ⇨ Q7로

Q3
하고 싶은 말이 있어도 그 자리에서 입을 다물고 있는 때가 많다.
예 ⇨ Q6으로
아니오 ⇨ Q2로

Q4
나에 대한 칭찬을 순수하게 받아들일 수 없는 때가 많다.
예 ⇨ Q10으로
아니오 ⇨ Q7로

Q5
귀여운 곰 인형을 언제까지나 내 방에 놓아두고 싶다.
예 ⇨ Q2로
아니오 ⇨ Q4로

Q6
가족과 친구, 친지 등 주변 사람들에게 둔하다는 말을 많이 듣는다.
예 ⇨ Q11로
아니오 ⇨ Q9로

Q7 역할 하나를 꼭 맡아야 한다면 회계보다는 사회자가 낫다.

예 ⇨ Q14로
아니오 ⇨ Q8로

Q8 다른 사람이 부탁해도 하기 싫은 일이면 그 자리에서 못한다고 말한다.

예 ⇨ Q15로
아니오 ⇨ Q12로

Q9 말을 하는 걸 더 좋아하기 때문에 모임에 나가면 주로 말을 하는 편이다.

예 ⇨ Q8로
아니오 ⇨ Q13으로

Q10 갖고 싶은 물건은 내가 사기보다는 다른 사람이 사주길 원한다.

예 ⇨ Q14로
아니오 ⇨ Q20으로

Q11 친구의 머리모양이 바뀌면 바로 알아차리고 말해주는 편이다.

예 ⇨ Q13으로
아니오 ⇨ Q17로

Q12 모임과 뒤풀이 등에 나가면 술을 따라주고 음식을 나누고 고기를 굽는 등 일을 도맡아하는 편이다.

예 ⇨ Q19로
아니오 ⇨ Q16으로

Test 34

Q13
하루 종일 아무도 만나지 않고 아무것도 하지 않으면 너무 지루하다.
예 ⇨ Q12로
아니오 ⇨ Q17로

Q14
보석과 머리핀 등을 충동구매하는 일이 많다.
예 ⇨ Q15로
아니오 ⇨ Q20으로

Q15
패션, 메이크업과 관련한 잡지는 매번 사보는 편이다.
예 ⇨ Q19로
아니오 ⇨ Q18로

Q16
모두 그렇게 하고 있다면 내키지 않아도 따라가는 편이다.
예 ⇨ B 타입
아니오 ⇨ A 타입

Q17
중요한 일은 누구에게도 상의하지 않고 혼자 결정하는 편이다.
예 ⇨ Q16으로
아니오 ⇨ A 타입

Q18
아무리 친한 친구라고 해도 팔짱을 끼고 손을 잡는 등의 스킨십은 싫다.
예 ⇨ D 타입
아니오 ⇨ C 타입

Q19
혼자 여행은 불안해서 친구들과 함께 떠나고 싶다.
예 ⇨ B 타입
아니오 ⇨ C 타입

Q20
어릴 때 가수, 탤런트처럼 연예인이 되고 싶었다.
예 ⇨ Q18로
아니오 ⇨ D 타입

Test 34 진단 결과

이 테스트를 통해 왜 연애에 실패하는지를 파악할 수 있다.
실패해버린 연애를 생각하면 도대체 무슨 문제가 있었는지, 혹은 나한테 문제는 없는지 생각해보게 된다. 이 테스트를 통해 어떤 부분에 문제가 있었고 앞으로 어떤 부분을 보완하면 연애 박사가 될 수 있는지를 알아보자.

우유부단함이 원인

자기 기분과 생각을 표현하지 못하는 사람이다. 상대방이 보기에는 좋은 건지 싫은 건지, 화가 난 건지 기쁜 건지 도통 속을 알 수 없는 사람이라는 느낌이 든다. 결국 책임감이 없어 보이고 신뢰감이 떨어지게 된다.

대책 힌트 연인에게 자기 생각을 제대로 표현하고 행동으로 옮기도록 노력하자. '아무 말 하지 않아도 알아줄거야!' 하는 생각을 버리자.

의존적인 성향이 원인

상대에게 잘 보이기 위해 상대가 하자는 대로 하는 사람이다. 처음에는 잘 맞춰주고 착한 연인으로 보일 수 있지만 결국 매력 없는 사람으로 비춰지게 된다. 상대에게 맞춰주고 기대려

Test 34 진단 결과

는 마음이 커질수록 의존심과 독점욕도 커져서 상대가 도망치고 만다.

대책 힌트 뭐든 상대에게 맞추려고 노력하기보다는 자신의 욕심과 욕구에 눈을 돌려 그에 따라 행동해보려는 자세를 취해보자. 또한 너무 상대에게 의존하기보다는 독립적인 연애를 과감하게 시도해보자.

자기 중심적인 태도가 원인

상대가 어떻게 생각하든 상관없이 자기 주장을 강하게 내세우는 사람이다. 뭐든 자기 생각대로 해야 직성이 풀리고, 화가 나고 안 좋은 일이 생기면 상대를 몰아세우기도 한다. 자기가 사랑받고 있다는 상황만을 중요하게 생각하고 상대를 전혀 생각하지 않기 때문에 상대는 결국 '이렇게 제멋대로인 사람과는 더 이상 사귈 수 없어!'라는 결론을 내리게 된다.

대책 힌트 최선을 다해 상대방을 배려하고 생각해주는 마음을 길러보자. 자기 주장은 꼭 필요할 때만 하도록! 가능한 상대의 이야기에 귀를 기울이면서 타협점을 찾아나가는 방법을 배워보자.

대쪽 같은 성격이 원인

감정을 있는 그대로 표현할 줄 모르고 연인 앞에서도 대쪽같이 강한 모습을 보이려고 애를 쓴다. 즉 감정적인 부분의 교감이 서툰 사람이다. 사람을 좋아하고 마음 설레는 일은 자연스러운 현상이지만 이 자연스러운 상황을 그대로 받아들이고 표현하지 못해서 상대방을 서운하게 만든다. 결국 상대는 당신을 '혼자서 살아갈 수 있는 사람', '내가 없어도 잘살 수 있는 사람'이라고 생각하고 당신 곁을 떠나게 된다.

대책 힌트 좋아하는 사람 앞에서라면 마음을 조금 더 활짝 열고 감정을 표현해보자. 할 말이 없어서 조용히 어깨를 기대고 앉아 있는 시간도 연인 사이에서는 자연스러운 일임을 기억하자.

Test 35

이 사람과 같이 살면?

다음 항목을 읽고 '딱 내 얘기'라고 생각되면 'YES', '그런 것 같다', '그저 그렇다'면 '?', '전혀 아니다'이면 'NO'라고 대답하고, 모두 끝나면 채점표를 보고 점수를 합산해보자.

① 양말 한 짝을 잃어버려서 신지 못하는 양말들이 많다.
② 신문을 읽은 다음 가지런히 정돈해놓지 않는다.
③ 티백이나 서류를 집었던 스테이플러 심은 따로 분리해 버린다.
④ 손수건은 항상 정갈하게 다림질을 해서 가지고 다닌다.
⑤ 신발과 슬리퍼가 흐트러져 있으면 기분이 나쁘기 때문에 우리 집이 아니라도 반드시 정리하는 편이다.
⑥ 가방 속을 정리하지 못해서 물건을 찾느라고 애를 먹은 적이 많다.
⑦ 밑줄을 긋거나 표시를 할 때는 자를 대고 그어야 직성이 풀린다.
⑧ 잠들기 전에는 꼭 이를 닦고 잠옷으로 갈아입는다.
⑨ 열쇠와 지갑이 어디 있는지 몰라서 외출하기 전에 허둥대는 일이 많다.
⑩ 인쇄물에 오자와 탈자가 눈에 잘 띄며, 발견된 즉시 정정하고 싶어진다.
⑪ 지폐는 앞뒷면과 아래위를 잘 맞춰서 정돈한 후 지갑 속에 넣는다.

⑫ 휴대폰이 울려도 전화기가 어디 있는지 몰라서 금방 받을 수 없었던 경험이 많다.

⑬ 쓰레기통 속에 쓰레기를 던져 넣었는데 제대로 들어가지 않았어도 다시 넣지 않고 그대로 두는 경우가 많다.

⑭ 내가 적은 메모를 나중에 보았을 때 도무지 무엇을 적었는지 알 수 없을 만큼 어지럽게 기록되어 있는 편이다.

⑮ 화장실에서 나와서 손을 닦지 않는 경우가 많다.

⑯ 걸어가면서 음식물을 먹는 것은 보기에 좋지 않기 때문에 절대로 하지 않는다.

	①	②	③	④	⑤	⑥	⑦	⑧	⑨	⑩	⑪	⑫	⑬	⑭	⑮	⑯	계
YES	2	2	0	0	0	2	0	0	2	0	0	2	2	2	2	0	
?	1	1	1	1	1	1	1	1	1	1	1	1	1	1	1	1	
NO	0	2	0	0	2	2	0	0	2	0	2	0	0	0	0	2	

합계 :

Test 35 진단 결과

이 테스트를 통해 결혼을 생각하고 있는 사람과 얼마나 잘 맞을지를 확인해볼 수 있다.

테스트 결과로 자신이 털털한 성격인지 꼼꼼한 성격인지를 판정할 수 있다. 연인에게도 이 테스트를 해보자. 만약 상대방이 직접 하지 못할 때는 대신 테스트해보아도 좋다. 둘의 진단결과를 토대로 함께 살기 좋은 궁합의 정도를 알 수 있다. 또한 상대를 대신해서 테스트를 할 때에 잘 모르겠다는 부분에 점수가 높으면 아직 그 사람을 정확히 알고 있지 못하다는 증거다.

26점 이상 : 너무나 털털한 인간형

뭐든지 대충대충 끝내버리는 스타일이며 아마도 자타가 공인하는 게으름뱅이. 방이 더럽고 먼지가 많이 있어도 그다지 신경 쓰지 않고 대충 살아가는 데 기쁨을 두고 있는 사람. 그러나 더 심해지면 주변 사람들이 불결한 사람이라고 생각할 것이다. 가끔은 힘을 내서 청소와 정리 정돈을 해보는 것은 어떨까?

18~25점 : 털털한 인간형

귀찮은 것을 싫어하는 사람으로 약간 게으름을 피우는 타입이다. 그래서 청소와 정리 정돈을 시작했다가도 금방 귀찮다는 생각에 대충 끝내버리고 마는 유형. 어느 날 기분이 좋아서 청소를 했어도 금방 더러워지고 말 것이다. 적어도 매일 사용하는 물건을 두는 장소를 정하고 소중한 물건을 두는 곳도 정해서 스스로 관리하는 자세를 길러보자.

10~17점 : 꼼꼼한 인간형

세심하고 꼼꼼한 사람이다. 방이 더럽고 있어야 할 물건이 제자리에 없으면 왠지 모를 불안함을 느낄 것이다. 꼼꼼한 사람들은 대체로 성실한 노력형이며 책임감이 강한 사람이다. 주변 사람들에게 "저 사람을 본받아야 해" 하는 말을 자주 들을 만큼 본보기가 되는 사람이기도 하다. 반면에 유머 감각이 없고 자기가 정확하게 하는 만큼 다른 사람도 그래야 한다고 생각하기 때문에 그렇지 못한 사람을 용납하지 못한다. 다른 사람에게 잔소리를 하는 일을 줄여보자.

9점 이하 : 너무나 꼼꼼한 인간형

너무나 꼼꼼해서 모든 것이 질서 정연하고, 있어야 할 장소에 있어야만 마음이 안정되는 사람이다. 또 결벽증이 있어서 방 안에 머리카락 하나라도 떨어져 있으면 화가 나는 유형이다. 이런 사람은 다른 사람이 대충대충하는 모습을 보거나 어지럽히는 것을 보면 참을 수 없이 화가 나고 잔소리를 하게 된다. 물론 자기에게도 엄격해서 스스로를 힘들게 한다. 본인뿐만 아니라 주변 사람들도 힘들게 하므로 조금은 여유로운 마음을 가져보자.

Test 35 진단 결과

종합 진단 결과

이 테스트 진단 결과를 토대로 연인과의 궁합을 알아보자.

너무나 털털한 커플

둘 다 게으름이라면 최고봉을 자처하는 사람들. 역시나 마음이 너그러워서 상대의 게으름과 참을 수 없을 정도로 심각한 털털함을 충분히 이해할 수 있다. 물론 둘만의 스위트 홈은 적어도 한 달에 한 번은 돈을 들여서라도 청소대행업체에 청소를 맡기는 편이 낫지 않을까?

너무나 털털한 사람&털털한 사람

둘은 별 탈 없이 잘 지낼 수 있을 것이다. 특히 남자가 조금 더 털털하면 더욱 잘살 수 있다.

너무나 털털한 사람 & 꼼꼼한 사람

그다지 좋은 궁합이라고 할 수 없다. 서로에 대해 크게 실망하게 될 것이다. 함께 살게 되면 꼼꼼한 사람이 상대의 생활패턴에 일일이 간섭을 하기 시작할 것이며 결국 듣기 싫은 잔소리가 늘어나게 된다. 물론 너무나 털털한 사람은 잔소리를 들어줄 수 없을 것이다. 남자가 너무나 털털하고 여자가 꼼꼼하다면 약간의 희망이 있지만 반대라면 처음부터 큰 시련을 겪게 될 것이다.

너무나 털털한 사람 & 너무나 꼼꼼한 사람

함께 살기에는 최악의 궁합. 하루하루가 서로에게 엄청난 스트레스로 다가올 것이다. 특히 여자가 심한 털털이라면 남자의 끊임없는 잔소리와 참견을 참아내야 한다. 너무나 꼼꼼한 남자들은 대부분 꼼꼼한 성격의 어머니에게서 영향을 받기때문에 세상 모든 여자들도 그렇게 꼼꼼해야 하며, 그렇지 못하면 그 여자의 인격 자체를 무시해버리는 습성이 있다. 반대로 남자가 너무나 털털한 사람이라면 여자는 불결함을 견디지 못하고 도망갈지도.

Test 35 진단 결과

털털한 커플

둘은 닮은 점이 많은 커플이다. 서로 잘 이해하고 참아주면서 별 탈 없이 잘 지낼 것이다.

털털한 사람 & 꼼꼼한 사람

남자가 털털하고 여자가 꼼꼼하다면 대충 잘살게 될 것이다. 그러나 반대인 경우, 꼼꼼한 남자가 그렇지 못한 여자에게 잔소리를 하고 생활 패턴에 대해 비판을 하게 된다. 결국 여자가 답답함을 느끼겠지만 서로 대화를 통해 잘 풀어간다면 큰 문제는 없다.

털털한 사람 & 너무나 꼼꼼한 사람

그다지 좋지 않은 궁합. 특히 여자가 털털하고 남자가 너무나 꼼꼼하다면 함께 살기 힘겨울 것이다. 여자가 남자에게 매일 무시당하고 혼나야 하기 때문에 결국 자신감을 잃거나 도망칠 것이다.

꼼꼼한 커플

둘은 잘 어울리는 닮은꼴 커플이다. 둘이 사는 집은 언제나 잘 정돈되고 깨끗하기 때문에 놀러 온 사람들마다 "우리도

본받아야겠다"는 말을 하며 감탄하는 집이 될 것이다. 그러나 다른 사람에게 둘의 패턴을 강요하면 그 사람들은 답답해 할 것이다.

꼼꼼한 사람 & 너무나 꼼꼼한 사람

그다지 나쁘지 않은 궁합이다. 특히 남자가 꼼꼼하고 여자가 너무나 꼼꼼하다면 집 안은 꼼꼼한 커플이 사는 집보다 더욱 깨끗하고 철저하게 정리되어 있을 것이다.

너무나 꼼꼼한 커플

둘은 닮은꼴 커플로 궁합은 좋은 편이다. 둘은 서로가 아니면 살기 어려울지도 모른다. 그러나 다른 사람들이 둘의 집에 놀러 오면 너무나 깨끗하게 정리 정돈되어 불편할 수도 있다.

> 함께 살아가는 데 좋은 궁합은 아무래도 둘이 닮았을 때가 아닐까? 상극인 사람 둘이 만나서 함께 살기에는 어려움이 많을 것이다. 털털한 사람은 관용, 꼼꼼한 사람은 질서를 중요하게 생각한다. 혹시 서로 다른 성격이라면 서로의 습관과 성격을 이해하면서 조금씩 맞춰가는 노력이 필요하다.

연애 속도가 빨라지는 '귀신의 집' 효과

사랑을 하게 되면 가슴이 두근거리고 쿵쿵 내려앉는 듯한 느낌을 경험하게 된다. 불안과 공포를 느꼈을 때와 비슷한 현상으로 호흡이 빨라지고 심장 박동도 함께 빨라지는 생리적인 현상이다. 결국 사랑할 때 느끼는 두근거림과 불안·공포로 인한 두근거림은 같은 생리현상이다.

예를 들어 뭔가 무서운 일을 당했는데, 때마침 옆에 기댈 수 있는 남성이 있다면 그 사람에게 도움을 청할 수 있다. 결국 여성은 남성에게 호감을 느끼게 되고 연애가 시작된다는 이야기이다. 이런 현상을 활용해서 좋아하는 여성과 놀이공원으로 놀러 가자. 함께 무서운 놀이기구를 타고 '귀신의 집' 같은 공포 체험관을 구경하다보면 현재 연애 속도에 가속도가 붙는 큰 효과를 거둘 수 있다. 어느 정도 연애가 진전되면 스릴 넘치는 스포츠와 놀이를 즐기는 방법을 활용해보자. 둘 사이가 더 깊어질 것이다.

권태기에 접어든 커플이라면 좀더 적극적으로 스릴 넘치는 놀이를 찾아 여행을 떠나보자.

제4장

"직장에서 스트레스를 많이 받아요!"

스트레스를 푸는 테스트

"더는 이런 관리자 밑에서 일하고 싶지 않아!"

정당한 평가를 하지 않고 화풀이만 하는 관리자, 실수를 인정하지 않는 선배, 팀워크를 깨뜨리는 동료. 주변에 이렇게 자신을 힘들게 하는 사람들이 없는지?

Test 36

건전지는 얼마나 쓸 수 있을까?

충전식 전지가 있다. 지금 충전기로 확인해보니 전지에 남아 있는 에너지 양이 표시되었다. 얼마나 남아 있을까? 다음 그림을 보고 그 안에 남은 만큼을 그려넣어 보자.

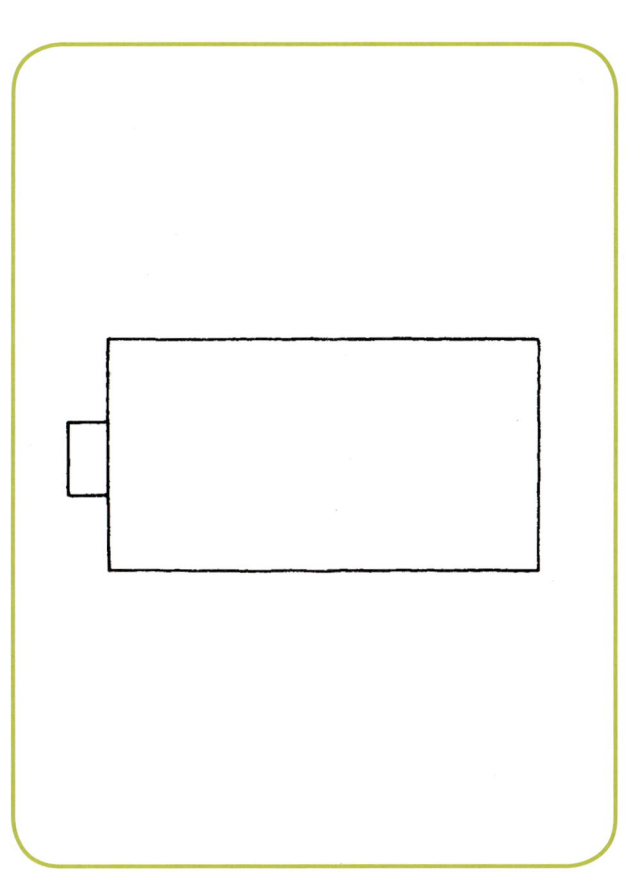

제4장 스트레스를 푸는 테스트

Test 36 진단 결과

에너지 양은 지금 얼마나 충실하고 즐겁게 일을 하고 있는지를 나타낸다. 집을 어떻게 꾸미는가는 평소에 어떤 것을 중요하게 생각하고 있는지를 나타내준다. 또 어떤 방을 중요하게 생각하는가에 따라 원하는 인간관계를 확인할 수 있다.

대답 예

- 에너지 양이 많은 경우

그려넣은 에너지 양이 많은 사람은 의욕이 넘치는 사람이다. 의욕이 넘치기 때문에 정신적으로도 체력적으로도 다른 사람의 두 배 이상의 힘을 발휘하게 된다. 물론 생활에도 활력이 넘칠 것이다.

- 에너지 양이 적은 경우

그려넣은 에너지 양이 적은 사람은 일에 대한 의욕이 바닥을 향해 떨어지고 있는 상태이다. 어쩌면 스트레스와 피로가 쌓여 있는지도 모른다.

종합 진단 결과

이 테스트는 어디까지나 지금 상태를 측정할 뿐이다. 따라서 다른 기회에 다시 테스트를 하면 전혀 다른 결과가 나올 수도 있다. 컨디션과 그때마다 다른 상황에 따라 결과는 달리 나타난다. 컨디션이 좋고 의욕이 넘치는 시기에 테스트를 한다면 에너지가 가득 찬 그림을 그릴 것이다. 만약 그렇지 못하다면 활력을 줄 수 있는 취미를 갖거나 운동을 하면서 에너지를 충전시킬 수 있도록 생활 패턴을 바꿔보는 등의 노력을 해보자.

> 적극적으로 무언가를 하고자 하는 힘이 전혀 생기지 않고 일과 공부가 손에 잡히지 않는 사람 중에는 만성적으로 에너지가 바닥인 사람이 많다. 이런 사람이라도 잠재적인 에너지는 왕성할 수 있다. 단지 그 에너지를 이끌어낼 힘이 없을 뿐이다. 이미지트레이닝 등을 통해 자기만의 에너지를 분출해보자.

Test 37

듣고 싶지 않은 위로의 말은?

상황이 너무 좋지 않아서 힘들어하고 있을 때, 친구가 다가와서 위로의 말을 했다. 그러나 친구의 말은 위로가 되기는커녕 정말 듣고 싶지 않았던 말이었다. 과연 어떤 말이었을까?

A "너라면 할 수 있어. 더 힘을 내봐!"

B "불쌍하기도 하지. 정말 힘들겠다."

C "너만 힘든 게 아니야! 모두가 같이 힘들다고!"

D "실패할 수도 있지. 너무 낙심하지 말고 힘내."

Test 37 진단 결과

이 테스트를 통해 적성에 맞는 직장이 어떤 곳인지를 알아볼 수 있다. 각자 듣고 싶지 않은 위로의 말은 '나는 이런 사람이다'하고 생각하고 있는 자기 이미지를 완전히 짓밟는 말이다. 그래서 이를 통해 다른 사람이 자신을 어떻게 평가해주길 원하는지를 알 수 있고 나에게 맞는 직장도 알아볼 수 있다.

A 끊임없는 노력을 인정받을 수 있는 딱딱한 직장

선택한 사람

착실하고 꾸준히 노력하고 있는 사람에게 더 많은 것을 요구한다면 그 사람에게 얼마나 큰 스트레스가 될까? 착실하고 꾸준하게 시키는 일에 최선을 다하는 당신에게 어울리는 직장은 꾸준히 일할 수 있고 비교적 공정하며 정해진 길을 밟아갈 수 있는 곳. 예를 들면 공무원, 은행, 학교 같은 보편적인 직장이다.

B 자신의 판단에 따라 일할 수 있는 프리랜서

선택한 사람

항상 자존심이 강해 남에게 약점을 보이기 싫어하는 당신. 이런 당신이 불쌍하다는 말을 들으면 기분이 나쁠 것이다. 어울리는 직장은 자신의 판단과 책임감을 발휘하며 일할 수 있는 곳이며, 프리랜서로 독립하는 것도 좋다. 직종에 상관없이 자기가 한 만큼 벌 수 있는 일이 의욕을 불러일으킨다.

개성을 인정받을 수 있는 창조적인 직장

"모두 다 똑같아!" 하는 말을 들으면 "왜 나를 이해해주지 않는 거야!" 하면서 화가 날 것이다. 개성과 창조성을 인정해주고 자유로운 분위기에서 마음껏 일할 수 있는 직장이 어울린다. 예를 들면 광고, 출판업계, 장식품 같은 아름다움을 추구하는 직장이 좋다.

목표 달성을 통해 성취욕을 높일 수 있는 직장

스스로 한 일에 대한 결과를 인정받고 평가받기를 원한다. 실패를 인정하지 않고 어떤 위로의 말도 귀에 거슬리기에 구체적인 목표를 세우고 그 목표를 향해 최선을 다한 뒤 정당한 평가를 받을 수 있는 직장이 어울린다. 예를 들면 보험 관련 업계, 이미지 전략을 필요로 하는 미용 관련 업계 등이 있다.

Test 38

말하기 힘든 내용은 어떻게 전하나?

어느 날 관리자가 당신의 동료에게 전달사항을 대신 전해줄 것을 부탁했다. 그러나 그 내용은 동료가 들으면 힘들어할 이야기. 그렇지만 관리자의 지시이므로 안 할 수도 없고……. 어떻게 전달하겠는가?

Ⓐ 있는 그대로 이야기한다.

Ⓑ 가능한 돌려서 이야기한다.

Ⓒ 가능한 말하지 않는다.

Test 38 진단 결과

이 테스트를 통해 지금 하고 있는 일에서 발휘되는 강점과 감추고 싶은 약점을 알 수 있다.
악역을 맡아야 할 때 어떤 방법으로 대처하는가에 따라 자신이 하고 있는 일에서 나타나는 강점과 약점을 파악할 수 있다.

선택한 사람

추진력이 강점. 일이 번잡해지는 게 약

정확한 목표를 가지고 있으며 하고자 하는 일을 위해 최선을 다하는 사람. 자기PR에 강하며 추진력이 있고 관리자와 고객을 설득하는 능력도 탁월하다. 일단 시작하기로 한 일은 불도저처럼 이끌어가며 단기전에 강하다. 반면에 세밀하고 치밀하게 과정을 이끌고 나가야 하는 일에서는 두각을 나타내기 어렵다. 시간을 가지고 꾸준히 하는 일을 정성스럽게 끝낼 수 있도록 노력하자.

선택한 사람

공동체 의식이 강점. 결단력이 약점

주변 사람들의 기대에 부응하고자 노력하는 사람이다. 주변 사람들에 대한 예의가 바르고 그 집단에서 자신이 해야 할 일을 제대로 파악하고 행동에 옮기는 능력이 뛰어나다. 끈기를 가지고 꾸준히 할 수 있는 일 또는 지침서대로 끌고 가면 되는 일에서 두각을 나타낸다. 또 협동심이 강하므로 함께하는 일에서 놀라운 실력을 발휘한다. 반면에 자유롭게 일을 진행하고 스스로 판단해서 결정해야 하는 일을 힘들어하며 우유부단한 면이 보이기도 한다. 좀더 결단력을 키우도록 노력해보자.

집중력이 강점. 추진력 부족이 약점

사람들 앞에 나서길 싫어하고 나와 다른 사람 사이에 보이지 않는 벽을 만들어놓고 있다. 고독을 이겨내는 힘이 있으며 혼자서도 충분히 할 수 있는 일에 강하다. 장시간 집중하고 꼼꼼하고 세밀하게 일을 처리해야 하는 분야에서 두각을 나타낸다. 반면에 스스로 일을 찾아 추진하려는 의지가 약하기 때문에 일을 시작하는 데 시간이 많이 걸리며 일처리도 느리다. 어쨌든 시작해보는 추진력을 키워보자.

Test 39

어린아이와 게임 대결!

어린 조카와 게임으로 대결하기로 했다. 3판 2승제로 시작했는데 지금 1승 1패로 팽팽한 상태. 마지막 승부수를 걸어야 하는 이때, 나의 마음가짐은?

A 상대는 어린 조카.
일부러 져줄까 생각 중이다.

B 상대가 조카라도 꼭 이기고 싶다!
눈에 핏대를 세워가며 게임에 몰두한다.

C 즐겁게 놀기만 하면 되지.
이기든 지든 상관없다.

Test 39 진단 결과

이 테스트를 통해 자신이 후배에게 어떤 선배라고 평가받고 있는지를 알아볼 수 있다.

사람에게는 '어린아이 같은 자아, 어른스러운 자아, 부모 같은 자아'가 있다. 어린 조카와 어떻게 게임을 하는가에 따라 세 가지 자아 중 어떤 자아를 표면적으로 드러내고 있는지 알 수 있다.

선택한 사람

A 부모 같은 선배

부모는 자식을 보호하고 돌보는 역할을 함과 동시에 잘못된 길로 가지 못하도록 훈육할 책임이 있다. 이런 부모 같은 선배는 후배들을 잘 돌보고 친절하며 친하게 지낼 수 있는 선배이다. 그러나 후배들의 잘못에 잔소리를 많이 하며 선배라며 어깨에 힘을 주는 성향이 있어서 '잔소리꾼'이라는 평을 들을 수도 있다. 되도록 후배들의 사소한 잘못은 눈감아주고 후배들과 약간의 거리를 두는 자세가 필요하다.

어린아이 같은 선배

어린아이 같은 태도와 말투로 대한다는 의미가 아니라, 거침없이 행동하고 주위를 살피지 않으며 자기 주장을 내세우고 자기가 하고 싶은 일을 강력하게 추진한다. 이런 면이 후배들의 눈에는 멋있어 보인다. 그러나 어른스러운 후배들 눈에는 선배답지 못한 선배로 비춰질 수 있다. 좀 더 선배답게 후배들을 불러모아 식사를 대접하는 등의 모습을 보여주면서 친하게 지내면 어떨까?

어른스러운 선배

어른이라면 자기의 입장을 확실히 파악한 뒤 나서야 할 곳과 그렇지 않은 곳을 분별하며 감정적인 모습을 드러내지 않고 주변 사람들을 배려할 수 있어야 한다. 인간관계의 상하 구분도 단순히 입장의 차이일 뿐이라고 생각하며 단순하게 선후배 관계를 생각하는 성향이 있다. 후배들의 눈에는 크게 신경을 쓰지 않아도 되는 선배이기도 하지만 가끔씩은 불친절하고 냉정한 선배라는 평가를 받기도 한다. 자신이 가지고 있는 지식과 정보를 풀어서 후배에게 "모르는 것이 있으면 언제라도 물어봐"라는 말을 해보자.

Test 40

길이 어긋난 첫 데이트

다음 만화를 보고 자신은 데이트 상대가 보낸 문자 메시지를 보고 뭐라고 생각했을지를 선택해보자.

① 좋아하는 사람과 첫 데이트.
② 시간이 되어도 상대방은 오지 않고 휴대폰을 두고 와서 연락도 안 되고…….
③ 실망해서 집에 와보니,
④ 상대방의 화난 문자 메시지가!

A '휴대폰을 놔두고 나간 내가 바보지.' 하며 자기를 원망한다.

B '약속 장소를 잘못 안 그 사람 잘못이야.' 하며 상대에게 화를 낸다.

C '우리는 인연이 아닌가봐.' 하며 둘 중 누군가에게 책임을 전가하지 않는다.

Test 40 진단 결과

이 테스트를 통해 직장 내 인간관계에서 나타나는 문제점을 알 수 있다. 잘못된 결과를 누구의 탓으로 돌리느냐에 따라 자신이 어떤 문제에 쉽게 화를 내는지를 알 수 있다. 이 테스트로 직장에서 느끼는 나만의 인간관계의 문제점을 알아볼 수 있다.

A 선택한 사람

다른 사람에 대해 비판적인 행동을 하기 쉽다. 마음의 여유를 찾자

자기 탓을 하는 사람은 다른 사람에게도 비판적일 수 있다. 회사 방침이 무책임하면 심하게 짜증을 내는 사람이다. 자기보다 요령이 좋고 약삭빠른 사람을 보면 '이렇게 노력하는 사람도 있는데' 하며 화를 내고 그 사람을 싫어하게 된다. 마음의 여유를 찾기 위해서라도 직장 동료와 친구들의 모임에 적극적으로 참석하도록 하자.

B 선택한 사람

요령이 없는 사람만 보면 짜증! 마음을 넓게 갖자

다른 사람의 탓을 하는 사람은 자기만 알고 남은 어떻게 되든 상관없다는 사고방식을 갖고 있다. 회사 방침과 관리자의 의견이 마음에 들지 않으면 솔직하게 자기 의견을 말하고,

최악의 경우에는 사표를 제출할 수도. 가장 짜증나는 일은 자기보다 무능한 관리자 밑에서 일하거나 멍청한 동료와 함께 일을 해야 하는 상황이다. 앞으로 요령이 없고 답답한 사람에게도 관용의 자세로 대하고 좀더 너그러운 마음을 갖도록 노력하자.

너무 마음대로 일을 추진하지는 않는지? 가끔은 다른 사람의 이야기를 듣자

누구의 탓도 하지 않는 사람은 다른 사람의 영향을 받고 싶지 않은 사람. 관리자가 서두르고 동료가 도와준다고 해도 전혀 들은 척도 하지 않는 유형이다. 짜증이 나는 편은 주변 사람들일 것이다. 열심히 일하는 적극적인 동료를 '일 잘하네' 하며 방관하는 태도로 바라만 볼 뿐 자신도 열심히 하고자 의욕을 불태우는 일은 없다. 앞으로는 좀더 다른 사람의 의견에 귀를 기울이고 기대에 부응해보자.

Test 41

아침에 눈을 떠보니!

어제 저녁 친구들과 미팅! 기분이 좋아서 상대편 남성과 신나게 술을 마셨던 기억은 나는데 옆에 누워 있는 사람은 난생 처음 보는 사람이다. 그 사람을 보자마자 뭐라고 소리쳤을까?

| A | "당신 누구야?" |

| B | "웬일이야! 어쩌면 좋아!" |

| C | "이런 창피할 때가!" |

| D | "어떻게 해! 정말 최악이야!"

Test 41 진단 결과

이 테스트를 통해 인간관계에서 생긴 갈등을 어떻게 극복하는지를 알아볼 수 있다.

이성적으로 대처하고 문제를 수습하는 유형

눈앞에 벌어진 현실에서 거리를 두고 마치 자기는 방관자인 양 행동하는 사람. 소문과 다른 사람의 험담에 귀를 기울이지 않고 사실 확인도 되지 않은 일로 동요하지도 않는다. 이성적이고 객관적인 태도로 언제나 중심을 잡고 있으며 사태가 심각해지지 않도록 불을 끄는 역할을 하기도 한다. 중립적인 위치를 고수하면서 타협을 이끌어내는 역할을 하면 좋은 인간관계를 유지할 수 있다.

혼란에 빠져서 스스로 문제의 원인이 되는 유형

예기치 못한 사건에 직면하면 엄청난 혼란에 빠지는 유형으로 무의미하고 과장된 행동으로 상황을 더 악화시킨다. 소문과 다른 사람에 대한 험담에 민감하며 세류에 쉽게 휩쓸린다. 그리고 들은 이야기는 다른 사람에게 꼭 전해야 직성이 풀리므로 결국 문제의 원인이 되기도 한다. 스스로 이성적으로 판단할 수 있는 능력을 길러보자.

악역을 맡지 않으려는 유형

선택한 사람

착한 사람인 척 행동하면서 위기를 극복하려는 사람. 의외로 스캔들을 좋아하지만 악역이 되는 것만큼은 참을 수 없으므로 소문과 험담을 듣기만 한다. 특히 험담의 주인공이 평소에 싫어하는 사람일 때에는 더 열심히 귀를 기울인 후에 악의를 가지고 더 좋지 않은 소문을 은근슬쩍 유포하기도 한다. 사람을 감정이 아닌 객관적 사실로 판단하자.

불쾌한 일에는 연관되지 않기를 원하는 유형

선택한 사람

제대로 수습되지 않은 일은 되도록 본인이 결말을 내야 한다고 생각하는 사람. 당사자가 없는 곳에서 그 사람의 험담과 소문을 이야기하는 것 자체를 불쾌하게 생각하며 입방아를 찧는 사람들을 신용하지 않는다. "숨어서 욕하지 말고 본인한테 직접 말하지 그래!" 하고 말하며, 당사자에게 직접 그 사실을 전해서 양쪽에 엄청난 충격을 가져다주기도 한다. 조금만 여러 사람의 마음을 헤아리는 도량을 키워보자.

Test 42

누가 먼저 다리를 건널까?

아주 오래된 흔들다리가 있다. 위험해 보여서 둘이 함께 건너기는 무리인 듯 보인다. 그러나 당신과 친구는 이 다리를 건너야만 한다. 친구가 "누가 먼저 건너지?" 하고 물었을 때 뭐라고 대답하겠는가?

A "내가 먼저 건널게."

B "나는 나중에 건널게."

C "가위 바위 보로 결정하자."

Test 42 진단 결과

이 테스트를 통해 어떤 사람이 나를 높이 평가해주는지를 알아볼 수 있다.

이 테스트는 성격에 따라 어떤 관리자와 선배가 나에 대해 좋은 평가를 내려주는지를 말해준다. 나에게 용기를 주고 기회를 주며 성공의 길로 안내하는 사람은 누구일까?

선택한 사람

A 상식에서 살짝 벗어난 사람이 높이 평가한다

당신은 추진력과 모험심이 강한 사람. 이런 당신을 높이 평가해주는 사람은 스스로 자기 길을 개척하고 독특한 인생을 추구하는 사람이다. 그래서 조금 상식에서 벗어난 사고방식을 가진 선배와 관리자에게 좋은 평가를 받을 것이다. 입에 발린 칭찬은 절대로 하지 못하고 직선적이어서 상대하기 부담스러운 사람들이 오히려 진정한 후원자가 되어줄 것이다. 이런 사람이 남성이라면 같은 남자에게 엄격한 태도를 보일 것이며 여성이라면 터프하고 남성적일 것이다.

선택한 사람

B "오래 익은 벼가 머리를 숙인다"는 속담에 걸맞은 사람이 높이 평가한다

당신은 자기 세계를 가지고 있는 사람. 이런 당신을 높이 평가하는 사람은 그 사람 스스로 개성이 넘치고 자기만의 세계를 가지고 있는 사람으로 자기 분야의 전문가가 되어 있는 사람이다. 또 이지적이고 사려 깊으며 속세에 관심 없는 유형. 평범한 사람처럼 보이지만 막상 알고 보면 누구에게도 뒤지지 않는 재능과 기술을 갖춘 엄청난 장인인 경우가 많다.

선택한 사람

C 상식적이면서 배려할 줄 아는 사람이 높이 평가한다

당신은 주변 사람들의 기대에 부응하려고 노력하는 사람. 그래서 상식과 규칙을 중요하게 생각하고 정돈된 생활을 하는 사람들이 당신을 높이 평가한다. 또 이런 사람들은 보수적인 성향이 강하고 협조를 중요하게 생각한다. 상하관계와 내외적인 인간관계에 신경을 쓰며 상대의 입장을 배려하여 실례를 범하지 않도록 주의하는 사람이라면 당신을 좋아할 것이다.

Test 43

나도 리더가 될 수 있을까?

Q1에서 시작해서 'YES', 'NO'로 대답한 뒤 지시대로 움직여보자.

Start

Q1 중요한 일일수록 결과가 쉽게 나오지 않는다.
예 ⇨ Q4로
아니오 ⇨ Q3으로

Q2 인생의 성공자란 지위, 명예, 경제력을 두루 갖춘 사람을 의미한다.
예 ⇨ Q7로
아니오 ⇨ Q8로

Q3 감기 정도로 휴가를 쓰는 일은 나약한 의지력을 드러내는 일이다.
네 ⇨ Q5로
아니오 ⇨ Q2으로

Q4 남에게 방해받지 않고 조용히 혼자 일할 수 있는 환경을 만들고 싶다.
예 ⇨ Q6으로
아니오 ⇨ Q2로

Q5 피곤할 때는 자양강장제와 비타민제제 등을 먹으면서 최선을 다한다.
예 ⇨ Q9로
아니오 ⇨ Q7로

Q6 누구도 하려 하지 않아서 어쩔 수 없이 하고 있는 일과 역할이 있다.
예 ⇨ Q8로
아니오 ⇨ Q10으로

Q7
아무리 노력해도 노력에 상응하는 결과가 나오지 않으면 그 노력은 무의미하다.

예 ⇨ Q12로

아니오 ⇨ Q11로

Q8
지식보다는 지금까지 경험에 의존해 일을 하는 편이다.

예 ⇨ Q11로

아니오 ⇨ Q15로

Q9
"내면이 중요하다."고 말하면서도 결국 사람의 외모를 보고 판단하는 일이 많다. 역시 사람은 외모가 중요하다.

예 ⇨ Q13으로

아니오 ⇨ Q12로

Q10
무엇이 진실인가보다는 정의로운가를 생각해야 한다고 믿고 있다.

예 ⇨ Q15로

아니오 ⇨ Q14로

Q11
약간은 위험이 따르더라도 성과가 큰 것이 보람이 있다.

예 ⇨ Q16으로

아니오 ⇨ Q17로

Q12
'이 일은 정말 잘될 거야!' 하고 생각했지만 다른 사람이 반대의견을 제시하면 바로 꼬리를 내린다.

예 ⇨ Q19로

아니오 ⇨ Q16으로

Test 43

Q13
사람을 칭찬해주는 일은 정말 자신 있다.
예 ⇨ E 타입
아니오 ⇨ Q19로

Q14
세세한 부분까지 설득할 수 없다면 더 이상 내용을 진전시키기 힘들다.
예 ⇨ A 타입
아니오 ⇨ Q18로

Q15
나는 할 수 있는데 다른 사람이 못하는 일이라면 친절하게 성의껏 가르쳐준다.
예 ⇨ Q17로
아니오 ⇨ Q18로

Q16
규칙과 규범을 들먹이면서 융통성 없이 행동하는 사람은 정말 답답하다.
예 ⇨ D 타입
아니오 ⇨ C 타입

Q17
주변 사람들의 결점과 나쁜 점이 눈에 잘 띈다.
예 ⇨ C 타입
아니오 ⇨ B 타입

Q18
많은 자료와 데이터를 종합하고 분석하여 앞일을 예측하는 일에 자신 있다.
예 ⇨ A 타입
아니오 ⇨ B 타입

Q19
무능한 사람이라는 생각이 들어도 불쌍하다는 생각에 무시하지 못하고 뒤를 봐주는 편이다.
예 ⇨ D 타입
아니오 ⇨ E 타입

Test 43 진단 결과

이 테스트를 통해 리더십 능력을 판단할 수 있다.
자신은 리더가 될 수 없다고 생각하는 사람도 있지만 리더십 능력은 여러 가지로 나타난다. 자기에게 어떤 리더의 자질이 숨어 있으며 그 재능을 어떻게 발휘할 수 있는지 알아보자.

타입

지식으로 사람들을 지도하는 전문가 리더

사물을 냉정하게 판단하고 객관적으로 인식하는 능력이 있는 사람이다. 편견과 선입견이 없으며 미래에 대한 가능성을 내다볼 줄 안다. 자신이 가지고 있는 기술과 지식을 이용해 뭔가 혁신적인 일을 성사시키는 능력이 출중하다. 스스로 리더십과는 거리가 먼 사람이라고 판단하고 있을지 모르지만 리더십에는 지식과 학문을 중심으로 사람을 이끌어가는 전문가형 리더십도 있다. 단, 스스로 앞에 나가 사람들을 가르치고 지식을 전달하기는 힘들기 때문에 가능한 많은 사람과 지적인 탐구를 공유하고 의견 교환과 잡담 시간을 즐기는 등 더불어 연구하는 자세를 길러보자.

Test 43 진단 결과

타입

전체의 조화를 이끄는 협상형 리더

그룹이 의견 대립으로 팽팽하게 맞설 때 중립의 위치에서 현명하게 중재하는 역할을 한다. 어떤 유형의 사람이라도 끌어안을 수 있는 도량을 갖고 있으며, 자신이 직접 하지 않아도 여러 능력을 가진 사람들이 주변으로 몰려들어 훌륭한 일을 해낼 수 있다. 단, 리더라면 스스로 움직이고 행동하면서 팀을 이끌어가는 면모도 필요하므로 명확한 지시를 내릴 수 있는 능력을 키워보자.

타입

규칙을 중요하게 생각하는 선생님형 리더

무엇이 정당한 일인가를 먼저 생각하고 정당한 일에 솔선수범하는 사람이다. 누구에게나 공평하게 대하며 조직과 그룹의 질서를 중시하고 규칙과 규범을 존중한다. 교사나 시민운동가 타입의 리더가 어울리는 유형. 단, 정당성과 규칙만을 내세워 주변 사람들을 힘들게 하면 사람들이 떠나게 될 것이다. 자신과 의견과 가치관이 전혀 다른 사람도 관용의 정신으로 대하면서 그의 의견도 수렴할 줄 아는 도량을 키워보자.

뭐든지 스스로 하는 보스형 리더

사물을 전체로 파악하고 그 자리에서 결정을 내리는 사람으로 적재적소를 잘 판단하며 사람을 움직이는 보스 기질이 있다. 자기를 위해서가 아니라 모든 사람을 위해서 일할 줄 알며 능력이 많다면 배포가 큰 리더가 될 수 있다. 단, 자기가 모든 일을 관장해야 직성이 풀리기 때문에 불평과 불만이 터져나올 소지가 있으며, 생각지도 못했던 사람에게 배신을 당할 수 있다. 머리가 좋고 명석하며 믿음직한 참모를 곁에 두도록 하자.

의지에 불을 지펴주는 대표자형 리더

본인이 중심이 되어 팀과 조직을 움직일 줄 아는 사람. 프로젝트를 추진하는 역할을 통해 놀라운 리더십을 발휘할 수 있다. 자기 PR과 사람들 앞에 나서서 프레젠테이션을 하는 능력이 탁월하며, 다른 곳에서 자신의 팀을 소개하고 팀에서는 목표를 설정하여 팀원의 의지력을 고취시킬 수 있는 사람이다. 단, 잘된 일의 결과를 자기 덕으로 돌리려는 경향이 있으므로 주의.

최강의 팀을 구성하기 위한 조건

뭔가 어려운 일과 갈등에 직면하면 당신은 어떤 반응을 보일 것인가?
① '어떻게든 될 거야!'
② '어떻게 하지? 큰일났어!'
③ 비교적 이성적으로 대처해서 일을 풀어본다.

① 번을 선택한 사람은 긍정적인 사고방식을 가진 사람.
② 번을 선택한 사람은 민감하게 반응하고 모든 사태를 힘들게 받아들이는 사람.
③ 번을 선택한 사람은 객관적, 합리적인 문제해결 방식으로 일을 수습하려는 사람.

팀 프로젝트와 공동작업을 추진할 때는 그룹 안에 위의 세 가지 유형이 모두 속해 있다고 생각해야 한다. 왜냐하면 그룹에 긍정적인 사고방식의 사람들만 있다면 실제로 문제가 생겨도 발견하지 못하고 넘어갈 위험이 있으며, 반응이 빠르고 확대해석하는 사람들로 가득하다면 문제가 더 커질 수도 있다. 물론 합리적인 사람만으로는 사람의 감정을 무시하는 비인간적인 그룹으로 전락할 수 있다.
민감하게 반응하는 태도에 합리적인 해결 능력을 접목시키면서도 '어떻게든 잘될 거야!' 하는 긍정적인 사고방식을 갖고 일을 추진한다면 놀라운 능력을 발휘하는 멋진 팀으로 거듭날 것이다.

제 5 장

"분명 밝은 미래가 나를 기다릴 거야!"

내 인생은 왕과 왕비!

"있는 그대로의 내 모습만큼 소중한 건 없어!"

주변 사람들에게 휩쓸려 언제부턴가 내 자신의 모습을 잃어버리지는 않았는지? 무리하지 말고 자기를 지켜나간다면 언젠가 밝은 미래와 만나게 될 것이다.

Test 44

터널 저편에는?

다음 그림을 보고 다음 질문에 자유롭게 대답해보자.

Q1 지금 터널 입구에 서 있다. 터널 입구까지의 여정은 어땠는가?

Q2 드디어 터널 안으로 들어가려고 한다. 터널 안의 분위기는?

Q3 터널 안을 걸어가고 있는데 갑자기 칠흑같이 어두워졌다. 자기도 모르게 소리를 지르며 누군가를 불렀다. 그 사람의 이름은?

Q4 터널 출구가 보이기 시작했다. 터널 저편에는 어떤 세상이 펼쳐질까?

Test 44 진단 결과

이 테스트를 통해 자신의 인생을 어떻게 생각하고 있는지를 알 수 있다. 터널은 앞으로 걷게 될 인생 여정이다. 터널까지의 여정은 과거, 터널 앞에 서 있는 모습은 현재, 터널 안에는 지금부터 시작되는 인생이 있고 터널을 빠져나왔을 때 펼쳐질 세상의 모습은 미래를 나타낸다.

무서웠나? 혹은 순탄한 길이었나?
터널까지의 여정은 과거

이 질문에 대해 여러 가지 답변을 생각할 수 있는데 답의 내용을 통해 그 사람이 지금까지 어떤 인생을 살아왔는지를 짐작해볼 수 있다. 예를 들어 "매우 위험한 길이었다." "순탄했다." "짧았다." "길었다." 등의 답이 나올 수 있다. 또 "아름다운 꽃이 피어 있었다."고 대답한 사람은 인생에서 아름다웠던 순간에 대해 관심이 많은 사람이다. "차가 막혀서 매연이 심했다."고 대답했다면 지금까지 인간관계로 인한 스트레스가 많았으며 사회생활에 지쳐 있는 사람이다. "아무도 만날 수 없었다."고 대답했다면 아직 인생의 반려자를 만나지 못한 사람이다.

밝은가? 혹은 어두워서 길이 잘 보이지 않나?
터널 안의 분위기는 현재 기분

이 문제의 답변으로 자주 등장하는 것은 "조금 어둡다." "앞길이 보일 만큼 밝다." "바로 앞은 밝지만 멀리까지는 볼 수 없다." 등 밝기에 관련된 이야기다. 누구도 자기 인생을 완벽하게 내다볼 수는 없다. 지금 바로 앞은 보이지만 한치 앞도 알 수 없는 것이 바로 인생이기 때문이다. 또 터널 안이 "습기가 많아 질척거린다." "조금 답답하다."고 대답했다면 이것도 역시 불투명하고 확신할 수 없는 미래에 대한 보편적인 불안을 나타낸다.

만약 여러 가지 시행착오를 거쳐 겨우 자기가 가야 할 길을 찾아냈다면 "드디어 빛이 들어오기 시작했다." "시원한 바람이 불기 시작했다." "끝까지 훤히 보인다." 등등의 밝고 희망적인 답변을 할 것이다. 이런 식으로 좋은 생각을 하다보면 미래도 밝아질 것이다.

Test 44 진단 결과

가족, 친구, 연인
소리 질러 부른 이름은 어려울 때 기대고 싶은 사람

누구의 이름을 불렀는가? 가족, 친구 혹은 연인? 혹은 존경하는 선생님이나 스승과 같은 사람이었을까? 또는 신이나 천사의 이름을 불렀을 수도 있다.

인생의 여정에서 어려움에 직면했을 때, 누구에게 도움을 청하고 누가 도와주느냐에 따라 그 사람의 인생은 많이 변하게 될 것이다. 소리 질러 부른 이름의 주인공은 과연 당신을 도와줄 수 있을까?

좋은 세상일까? 혹은 무서운 세상?
터널 저편의 세상은 미래

터널 저편에 펼쳐진 세상이 밝은 빛으로 가득하다면 스스로의 미래를 긍정적이고 성공적으로 생각하고 있을 것이다.

"잘 모르겠다."고 대답한 사람은 아직 자신의 미래에 대한 명확한 그림을 그리지 못한 사람이거나 미래에 대해 생각해보지 않은 사람이다.

만약 "터널 저편에 어둡고 암울한 세계가 펼쳐지고 있다"고 대답했다면, 자신의 장래에 대해 부정적인 생각을 하고 있으며 미래에 대한 불안감과 고민으로 가득한 심리상태를 표현했다고 할 수 있다.

너무 부정적인 생각을 하고 있는 사람이라면 밝고 아름다운 세상을 상상하면서 자신의 미래와 꿈을 그리도록 노력함으로써 좀더 긍정적인 희망을 가질 수 있을 것이다.

Test 45

나의 전생은 누구였을까?

지금 삶이 역사상 유명했던 사람의 후생이라면 다음 네 사람 중 어떤 인물일까?

A 일본의 귀족 무라사키 시키부

B 이집트의 여왕 클레오파트라

C 프랑스의 영웅 잔다르크

D 미국의 여배우 마릴린 먼로

Test 45 진단 결과

이 테스트를 통해 인생에서 가장 두려워하는 것이 무엇인지를 알아볼 수 있다.

선택한 사람

평범한 인생을 두려워하며 개성적인 삶을 추구

무라사키 시키부는 여성의 자유로움과 지성을 문학으로 표현한 일본의 유명한 귀족 여성. 당신은 스스로의 인생이 평범해질까봐 두려워하고 있다. 만약 다른 사람과 똑같은 인생을 살아간다면 자신은 남들과 다른 즐거운 삶을 살고 있다는 사실을 증명하기 위해 개성적인 무언가를 개발해서 독특한 삶을 살려고 노력할 것이다.

선택한 사람

뜻대로 되지 않을 것을 두려워하며 다른 사람 위에 서는 성공을 꿈꾼다.

클레오파트라는 미와 권력의 상징. 인생이 뜻한 대로 움직여주지 않을까봐 두려워하고 있다. 다른 사람에게 순종하고 그를 돌보는 일만으로 인생을 보내는 것은 참을 수 없는 일이다. 당신은 언제나 다른 사람 위에 서서 명령하면서 자신의 성공을 증명하려 할 것이다. 따라서 필요한 능력과 매력을 갈고닦으며 지위와 경제력을 얻고자 노력할 것이다.

C 실수를 두려워하며 완벽한 인생을 추구

잔다르크는 조국을 구한 영웅이다. 스스로 잘못된 길로 가지 않을까 걱정하는 사람. 따라서 실수를 범하지 않기 위해서 자신의 결점을 없애려고 노력하며 완벽한 사람으로 거듭나기를 꿈꾼다. 도덕에 반하는 행동을 하고 성적인 타락의 길로 빠져드는 일은 결코 용납할 수 없다.

D 고독을 두려워하고 사랑을 추구

마릴린 먼로는 진실된 사랑을 추구했던 여성. 불안정한 인생을 혼자서 살아갈 수 없다고 생각한다. 기댈 수 있는 사람이 없다면 어떻게 살아갈지 막막해할 수도. 언제나 자기를 걱정해주고 지켜줄 수 있는 사람과 장소가 필요하다. 그리고 상대에게 버림받지 않으려고 상대가 좋아하는 사람이 되기 위해 노력한다.

Test 46

어떤 방향으로 여행을 떠날까?

지금 있는 곳에서 네 방향으로 길이 나 있다. 그곳에는 내가 만나고자 하는 사람이 살고 있다. 다음 중 어느 쪽일까?

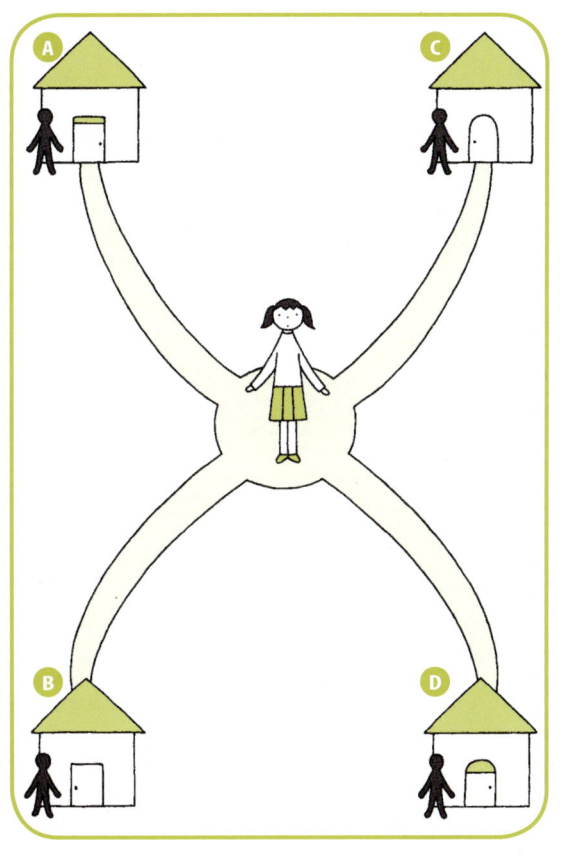

Test 46 진단 결과

이 테스트를 통해 자신이 성장하기 위해 필요하다고 생각하는 만남은 무엇인지 알 수 있다.

선택한 사람

역사상 위인과 책 속의 주인공과의 만남

왼쪽 위는 자기보다 훨씬 위대한 사람 또는 동경할 만한 대상을 의미한다. 지금 정신적인 면에서 지도를 받을 수 있는 인물을 찾고 있다. 물론 꼭 현실 속에 존재하는 인물이 아니어도 된다. 예를 들어 신 또는 전설 속의 영웅일 수도 있고 역사상 위대한 인물과 소설 속 주인공일 수도 있다. 또 책 속에 쓰여 있는 좋은 글귀가 인생에 큰 활력을 줄 수 있으며 좋은 열쇠가 될 수도 있다.

선택한 사람

내면의 진정한 자아와의 만남

왼쪽 아래는 자기 내면에 관심을 가진다는 의미이다. 지금 자신이 추구하고 있는 것은 자기 자신이다. '진정한 자아'를 만나고자 하며 내면 깊이 존재하고 있는 자신의 목소리에 귀 기울이고 있다. 이렇게 함으로써 자기가 진정으로 원하는 일이 무엇인지를 찾아보려 한다.

존경할 수 있는 인물과의 만남

선택한 사람

오른쪽 위는 현실적인 목표에 대한 욕구를 나타낸다. 지금 '저 사람처럼 되고 싶다.'는 목표가 될 수 있는 인물 또는 '저 사람에게는 질 수 없어.'라는 경쟁적인 존재가 필요하다. 또 존경할 만한 사람에게 배우고 제자가 되어서 실질적인 지도를 받는다면 세워둔 목표를 좀더 쉽고 빠르게 달성할 수 있을 것이다.

서로 지지해주는 동료와의 만남

선택한 사람

오른쪽 아래는 사회생활이나 인간관계에 대한 욕구를 나타낸다. 현재의 관심사는 일상생활이나 돈 문제 등 지극히 현실적인 문제이다. 또 적극적으로 사회에 나가서 다양한 사람을 만나고 싶은 마음이 강하고, 서로 힘이 될 수 있는 동료를 원한다. 다양한 사회활동과 동호회에 참가하면 시야를 넓힐 수 있는 새로운 만남이 있을 것이다.

Test 47

무슨 색으로 종이학을 접을까?

소원을 빌기 위해 커다란 종이학을 접기로 했다. 금색, 은색, 빨간색, 파란색, 녹색, 보라색, 분홍색, 갈색, 노란색 중에서 어떤 색종이로 접을까? 아홉 가지 색깔 중에 선택해보자.

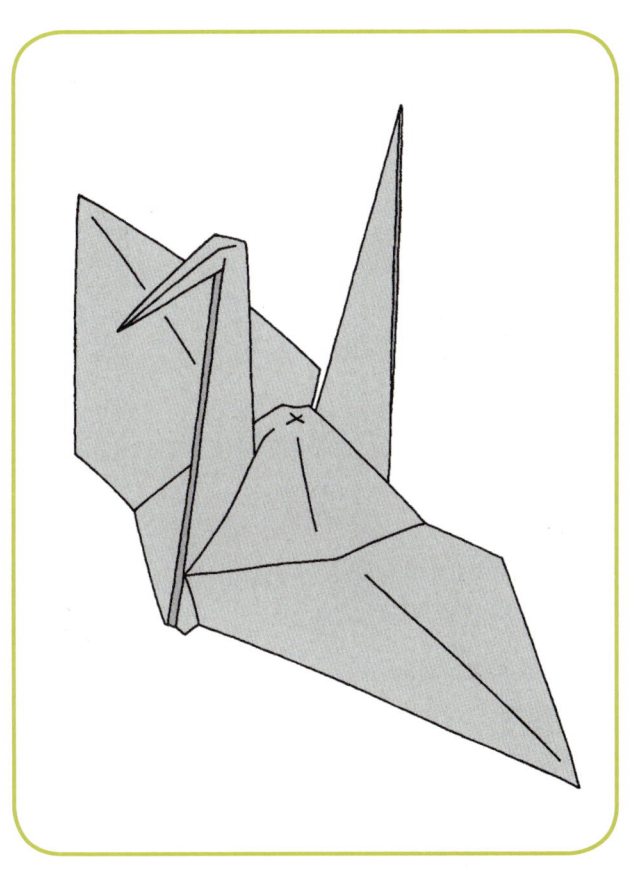

Test 47 진단 결과

선택한 종이는 태어날 때부터 가지고 있었던 잠재능력을 나타낸다.

진정한 가치를 구분하고 사람을 끌어들이는 능력

주변 사람들을 끌어모으는 흡인력 같은 카리스마가 있다. 이와 같은 능력을 잘못된 곳에 쓰면 허영심과 거짓으로 변색될 수 있다. 사람들에게 겸손한 자세로 다가가고 모든 일에 성실하게 임할 때 진정한 능력을 발휘할 수 있다.

정당함을 판단하고 사람을 지도하는 능력

솔선수범하여 사람을 좋은 길로 이끄는 능력을 갖고 있다. 이와 같은 능력은 정의를 수호하기 위한 무서운 열정으로 나타나기보다는 안정된 마음으로 사람들을 받아들이고 세상을 바로 볼 때 발휘될 수 있다.

희생정신이 강한 사랑의 능력

정열과 사랑으로 가득 찬 사람이다. 이 사랑은 관용적이고 정으로 가득 찼으며 희생적이다. 앞으로도 보답을 바라지 않고 진정한 마음으로 봉사하고 사랑을 베푼다면 안에 내재하고 있는 사랑의 정신이 100% 발휘될 것이며, 이를 지켜보는 많은 사람들에게 존경과 사랑을 받을 것이다.

조용한 성품이 가져오는 기쁨의 능력

머릿속에는 진리를 투영시킬 수 있는 맑고 깨끗한 호수가 있다. 지식과 정보를 머릿속에 가득 넣으려고 할 때는 오히려 재능이 발휘되지 못할 수도 있다. 어떤 것에도 집착하지 않고 지식과 정보에 치우치지도 않으면서 무념의 상태에서 명상적인 삶을 살아갈 때 놀라운 지혜를 얻게 될 것이다.

자신감에서 나오는 진정한 용기

내면에서 뿜어져 나오는 생명력과 아무것도 두려워하지 않는 진정한 용기가 숨어 있다. 이와 같은 능력은 머릿속에 불안을 없애고 몸 안의 기운을 하나로 연결할 때 발휘된다. 진정한 용기는 자신감에서 나온다는 사실을 잊지 말자.

사람의 기분을 어루만지는 풍부한 감정

인생의 틈새를 파악하고 사람들의 미묘한 감정을 어루만져 공감대를 형성할 수 있는 아름답고 신비한 무언가를 표현하

Test 47 진단 결과

는 능력이 있다. 다른 사람들에게 인기를 얻고자 하지 말고 순수한 마음으로 능력을 갈고닦을 때 진정한 능력이 발휘될 것이다.

자애로운 마음으로 약자를 보호하는 능력

약자를 보호하는 따뜻한 동정심이 깃들어 있다. 불쌍한 사람에게 '도와주지!' 하는 오만한 마음으로 도움을 주는 것이 아니라 진정한 봉사의 정신으로 사람들을 끌어안는 순간 자애로움이 발휘된다. 물론 많은 사람들에게 사랑과 감사를 받게 될 것이다.

대자연과 사람을 연결하는 풍부한 지혜

신체적인 직감에 근거하는 자질은 어떤 일이 있어도 흔들리지 않고 대지에 뿌리를 내리고 안정된 상태로 머물러 있다. 건강하지 못한 생활을 하고 스스로 몸을 망가뜨리는 일을 한다면 능력은 발휘되지 않을 것이다. 건강하고 건전한 생활을 하면 인간을 포함한 대자연과 교감하면서 뭔가 좋은 일을 하게 될 것이다.

분쟁을 해결하고 평화를 가져오는 능력

내면의 살아 숨쉬는 평화는 분쟁을 해결하고 대립하는 사람들을 화해시키며 분열을 없애고 일치를 가져온다. 이런 자질은 가만히 있어서는 발휘되지 않는다. 스스로가 행동으로 옮길 때 비로소 발휘될 것이다.

> 이 밖에도 흰색은 빛의 상징임과 동시에 뭐든 안정시키는 역할을 한다. 흰색을 좋아하는 사람은 천진무구한 마음과 충성심, 결벽증과 순종심을 가지고 있다. 지켜야 할 대상을 위해서 기꺼이 목숨 바쳐 싸울 용기가 있는 사람이기도 하다. 검은색은 어둠의 상징이다. 성스러운 것도 사악한 것으로 바꾸는 큰 에너지를 가지고 있다. 검은색을 좋아하는 사람은 그야말로 악역을 도맡아하면서 전체를 지휘하고 새로운 것을 구축하는 힘을 가지고 있다.

Test 48

관리자가 내 리포트를 평가하다

리포트를 제출한 직원에게 그림 속의 관리자는 뭐라고 했을까?
다음 중에서 골라보자.

A 참 잘했다며 칭찬해준다.

B 잘못된 부분을 지적하며 확실하게 수정해서 오라고 한다.

C 아예 처음부터 다시 해오라고 말한다.

D 나중에 본다면서 관심 없이 자기 일만 한다.

Test 48 진단 결과

이 테스트를 통해 얼마나 스스로에게 자신감을 가지고 있는지를 알아볼 수 있다.
이 테스트의 관리자도 직원도 모두 자신을 의미한다. 관리자의 말에는 스스로에 대해 어떻게 평가하고 있는지가 나타나 있다.

막연한 열등감을 가지고 있는 노력가형

스스로에 대해 자신감을 가지고 싶어하는 사람. 보이지 않는 곳에 숨어서 최선을 다하는 노력가. 이런 마음 저편에는 자신의 무능함을 다른 사람이 눈치 챌까 두려운 나머지 막연한 열등감에 사로잡혀 있다. 그러나 그 열등감의 배후에는 다른 사람보다 우수한 인물이 되고자 하는 강한 열망이 있고 그 열망에 따라 꾸준히 노력한다.

스스로에 대한 이상이 높은 완벽주의자

스스로에 대한 자신감으로 가득 차 있는 사람. 자신에 대한 이상이 높고 언제나 높은 곳을 향해 목표를 세우고 반드시 할 수 있다고 믿는다. 다른 사람이 일하는 모습을 보면서 '나라면 더 잘할 수 있을 텐데.' 하고 생각하면서 자신의 우수함을 자신하지는 않는지? 이런 태도는 자기가 한 일에 대해 '이렇게 하면 좋았을 텐데'라는 후회로 바뀌게 된다.

언제나 말뿐인 자신과잉형

하면 된다는 신념이 강하고 주변 사람들에게 자신감이 넘치는 사람이라는 평가를 듣는다. 그러나 그 자신감은 마음뿐이며 실제 노력이 수반되지 않기 때문에 결국 성사되는 일은 거의 없다. 자신감의 근거인 노력이 따르지 않는다면 이는 단지 '자신 과잉'에 불과하며 모든 일은 단순한 허풍에 지나지 않는다. 뭐든 일단 시작했으면 꾸준히 노력하는 자세가 필요하다.

스스로 변화하기를 두려워하는 유형

자신이 아주 없다기보다는 자기 평가가 낮은 사람으로 스스로의 능력을 시험해보는 일 자체를 두려워한다. '어차피 잘 안 될 거야.' 하는 낙담의 자세로 쉽게 포기하고 만다. 마음 깊은 곳에 변화를 두려워하는 마음이 숨어 있고, 그 공포심 때문에 자신감이 약하다. 정말 잘 안 될지라도 낙심하지 말고 최선을 다하는 용기 있는 자세가 필요하다.

Test 49

마법의 잔에 든 물을 먹어볼까?

어려움에 빠져 있을 때, 마법사가 나타나 물이 들어 있는 잔을 건넸다. "이 물을 마시면 신비한 힘이 생긴단다. 마시는 사람에 따라서 독이 될 수도, 약이 될 수도 있지. 선택은 자네가 하는 거지만……"이라는 말을 남기고 사라졌다. 잔 속에 들어 있는 물을 어떻게 할까?

A 각오를 다지고 한번에 마셔버린다.

B 조금씩 마셔본다.

C 마시지 않고 그대로 놔둔다.

Test 49 진단 결과

잔 속에 들어 있는 물을 어떻게 하느냐에 따라 운명을 어떻게 받아들이는지를 확인할 수 있다.
잔은 운명을 상징한다. 잔 속에 들어 있는 물을 어떻게 하느냐에 따라 운명을 어떻게 받아들이는지를 알 수 있다.

어떤 운명이라도 받아들이는 긍정적인 유형

도전정신이 왕성하고 적극적으로 스스로의 인생을 열어가는 사람. 이것저것 생각하기보다는 우선 행동으로 옮기는 행동파이기도 하다. 실패하더라도 실망하지 않고 더 나은 일을 찾아 다시 일어나는 적극적이고 긍정적인 마음을 가지고 있다. 그러나 자기 생각대로 해야겠다는 의지가 너무 강할수록 신중하게 대처해야 함을 명심하자.

운명에 휘말려서 인생의 미아가 되는 유형

스스로의 인생길에서 방황하는 유형이다. TV와 인터넷에서 유포되는 각종 정보에 휩쓸리기 쉽고 세상 사람들의 대부분 말에 동요하는 사람이다. 중요한 일을 결정해야 하는 순간에도 방황하고 생각하느라 쉽게 결정을 내리지 못하고 좋은 기회를 놓치는 일이 허다하다. 신중함이 과하면 화가 되는 법. 가끔은 도전정신을 가지고 결단을 내리는 용기를 발휘하자.

싫은 일로부터 도피하고 싶은 방관자형

스스로의 인생에 적극적이지 못한 사람이다. 어딘지 모를 방관자적인 면이 보인다. 특히 귀찮은 일이 있으면 아무것도 하지 않고 시간을 보내는 일이 많다. 본인은 대충 넘어갔다고 생각할 수 있지만 결국 좋은 일도 놓치고 행운도 멀어질 것이다. 때로는 결단력과 의지력을 가지고 잔 속에 들어 있는 물을 한 번에 마셔버리는 각오로 도전해보자.

Test 50

용과 맞닥뜨린
공주의 운명은?

공주 앞에 무서운 용이 나타났다. 용은 곧장 공주에게 달려들 태세다.
공주의 운명은 어떻게 될까? 다음 중에 고르시오.

A 갑자기 젊고 용감한 기사가 나타나 용을 처치하고 공주를 구했다. 그 후 둘은 결혼해서 행복하게 잘살았다.

B 공주는 용감하게 칼을 뽑아 들고 용과 맞서 싸워 용을 처치했다. 훗날 공주의 용기에 대해 수많은 민중들이 찬사를 보냈으며 전설로 길이 남아 후세에 전해졌다.

C 공주는 무서워하지 않고 용에게 다가가 얼굴을 쓰다듬고 따뜻한 말로 달랬다. 용은 온순해져서 사람들을 공격하지 않았고 공주의 좋은 친구가 되었다.

D 공주는 너무나 무서워서 도망치지도 못한 채 그대로 용의 먹이가 되어버렸다. 사람들은 공주의 죽음을 슬퍼하며 그 자리에 비석을 세웠다.

Test 50 진단 결과

이 테스트를 통해 장래에 일어날 수 있는 문제가 무엇인지를 예측할 수 있다.

용은 내 안에 있는 에너지를 의미하며 이야기의 결말은 그 에너지를 어떻게 사용하는가를 나타낸다. 어떤 결말을 선택했는가에 따라 어떤 인생을 살아가려고 하는지, 또 그에 따른 문제점과 행복을 얻기 위한 열쇠는 무엇인지를 알아볼 수 있다.

선택한 사람

시대의 변화에 뒤처질지도. 유연한 자세를 기르자

말하자면 백마 탄 왕자님을 기다리는 당신. 혼자 외롭게 살아갈지도 모른다는 불안감에 휩싸여 있다. 주변 사람들의 지지를 받고 그들과 어울려 살아갈 때만 가장 행복하고 안전하다고 믿는다. 따라서 주변 사람들이 자기에게 뭘 기대하는지에 촉각을 곤두세우며 그 기대에 부응하기 위해 노력한다. 뭔가 문제가 생기면 여러 사람들에게 상담을 부탁하다가 결국 더 심한 혼란에 빠지기도. 또 유연하게 대처하지 못하고 편견과 고정관념에 치우쳐 판단을 하는 경향이 있다. 나이 들수록 완고해져서 시대의 변화에 따라가지 못하고 혼자 뒤처질 수도 있다.

행복을 위한 열쇠 여러 사람들과 만나고 경험을 많이 하면서 시야를 넓히고 유연한 감성을 갖도록 노력하자. 오래된 친구와 회사 동료 등 서로 도움을 주고받을 수 있는 사람들과의 관계를 중요하게 생각하고 언제나 쉴 수 있는 마음의 휴식처를 마련해두면 좋다.

나이 들수록 고독해질지도. 지금 곁에 있는 친구를 소중하게 생각하자

자신의 인생을 제어하고자 하는 욕구가 강한 사람이다. 뭐든지 자기 생각대로 일을 추진하고자 하며 원하는 것은 바로 손에 넣으려는 욕심도 있다. 우유부단한 사고방식을 좋아하지 않고, 뭐든 결단이 빠르고 설사 실패한다 해도 다음 가능성을 열어두고 재도전 의지를 다진다. 사람들을 대할 때는 큰 편견 없이 쉽게 다가가 친구가 되지만, 배려하는 마음이 약해서 이용가치가 없는 사람에게는 냉정하게 대하는 성향이 있다. 물론 혈기 왕성하고 젊을 때는 주변에 사람도 많고 친구도 많을 것이다. 그러나 시간이 지나 나이 들수록 속내를 털어놓을 친구는 한 명도 없고 고독한 노년을 맞이할지도 모른다.

행복을 위한 열쇠 평소에 친구를 소중히 여기고, 엽서와 메일을 보내거나 때로 마음이 담긴 선물을 하는 등 자신의 마음을 전하고 관계를 돈독히 하자.

Test 50 진단 결과

선택한 사람

다른 사람을 너무나 생각한 나머지 자기에게 소홀한 사람. 자신을 더욱 소중하게 생각하자

사랑의 무한한 가능성을 믿고 서로 사랑한다면 뭐든 희생할 수 있다고 생각한다. 언제나 다른 사람을 위해 배려하고 봉사하며 각각의 사람들과 친밀한 관계를 맺고자 한다. 다른 사람에 대해 긍정적으로 생각하고 스스로를 선한 사람이라고 믿고 있다. 또 전혀 모르는 사람에게도 친절하며 젊었을 때는 특히나 이성들의 관심을 끄는 매력적인 사람이었다. 나이 들수록 가족과 배우자, 아이들을 위해 모든 것을 희생하는 유형이기도 하다. 어린아이를 돌보고 어른들을 봉양하는 데 거부감이 없다. 일벌레인데다 지루함을 견디지 못하는 성격이기 때문에 언제나 몸을 움직여 일을 하면서도 피곤함을 느끼지 않는다. 결국 중년에 큰 병에 걸려 자신의 소중함을 깨닫게 될 수도 있다.

행복을 위한 열쇠 자기 건강과 스스로의 인생을 소중하게 생각하자. 자기가 하고 싶은 일을 우선할 줄 아는 마음가짐도 필요하다. 누구에게나 양보하기보다는 나를 위한 취미생활을 하면서 조용하게 혼자만의 시간을 보내는 여유를 가져보자.

D 선택한 사람

현실도피로 대인관계를 거부하게 될지도. 적극적으로 세상 밖으로 나가자

현실에서 마주할 갈등을 피해 도망치거나 외피를 단단히 하고 숨어버리고 싶은 마음으로 가득하다. 주변 사람들이 자기에게 과도한 기대를 하는 것 자체를 거부하고, 하기 싫은 일을 강요받는 일도 피하고 싶어한다. 게다가 다른 사람들과 똑같은 인생은 재미없다고 느낀다. 가장 두려워하는 일은 자기가 상처받는 일이며 두려움을 미연에 방지하기 위해 사람들과의 접촉 자체를 거부한다. 열심히 살아가는 사람, 행복해 보이는 사람, 성공한 사람들을 보면 속이 뒤틀리고 괴롭히고 싶어지기도 한다. 또 현실도피 성향이 강하고 공상세계와 인터넷 안의 사이버 공간에서만 자유롭게 활동하는 경향이 있다.

행복을 위한 열쇠 우선 일상 속으로 들어가 자기가 할 수 있는 일을 하나씩 찾아보자. 그리고 밖으로 나가 현실과 마주하자. 또 사람과 마주앉아 이야기를 나누고 눈을 맞춰 커뮤니케이션을 할 수 있도록 노력해보자. 비슷한 분야에 관심을 갖고 있는 사람들의 모임에 나가거나 창작활동을 통해 세상에 자신의 느낌을 발산하는 것도 좋다.

COLUMN

내가 더 유능해지는 '자기 PR 리스트'

우리는 보통 직접 이야기하는 자기 이야기는 대부분 진실이라고 생각한다. 당사자가 "할 수 있다."고 말하면 가능한 일이고 그만큼 자신 있다는 말이라고 믿는다. 이런 현상으로 미뤄보아 자기 장점과 장기를 사람들 앞에서 능숙하게 소개할 줄 아는 사람들은 그만큼 높은 평가를 받을 수 있다고 생각할 수 있다.

예를 들어 똑같은 실력을 가진 두 사람이 있을 때, 한 명은 "저는 영어를 잘합니다." "스키는 자신 있습니다." 하고 말하고 다른 사람은 "그렇게 잘하지는 못합니다." "아직 멀었습니다." 하고 말한다면 역시 전자가 더 믿음직스럽고 대단해 보인다.

'조금 허풍이 심하지 않나?' 하는 생각이 들지도 모르지만 '그렇게 말했는데 최선을 다해야지.' '말에 걸맞는 훌륭한 사람이 되어야지.' 하는 각오가 서게 된다.

이런 현상을 활용해서 오늘부터 장점과 특기사항을 수첩에 메모해서 '자기PR 리스트'를 작성해보자. 별것 아닌 내용도 상관없다. 스스로 자신 있는 부분이라면 일단 적어놓자. 이 리스트는 자신을 긍정적인 사람으로 만들어줄 것이며, 주변 사람들에게 높은 평가를 받는 유능한 사람으로 가는 바탕이 되어줄 것이다.

왜 여우 같은 여자가 괜찮은 남자를 잡을까?
여우의 연애비법

도서출판 이젠
Dr.굿윌 지음 · 이희정 옮김 | 230쪽 | 값 12,000원

카리스마 연애 카운슬러,
Dr.굿윌의 연애 지침서!
남자를 믿지 마라!
더 중요한 것은 남자를 이해하는 것이다!

갖고 싶은 남자가 있는가?
진짜 괜찮은 남자를 잡고 싶은가?
남자의 속마음을 알아야 연애가 잡힌다!

더 이상 연애 때문에 쩔쩔매지 말라!
Dr. 굿윌이 솔직하게 털어놓는 남자들의 연애 심리!
그리고 이 비법을 깨친 여우들의 성공확률 100% 연애 행동 양식!

KOKORO NO HONNE GA YOKU
WAKARU MAHO NO SHINRI TEST-COMMUNICATION HEN-
by NAKAJIMA Masumi
Copyright ⓒ 2004 NAKAJIMA Masumi
All rights reserved.
Originally published in Japan by NAGAOKA SHOTEN, Tokyo.
Korean translation rights arranged with
NAGAOKA SHOTEN, Japan through THE SAKAI AGENCY.

이 책의 한국어판 저작권은 THE SAKAI AGENCY를 통한
저작권자와 독점 계약한 (주)이젠미디어에 있습니다.
신 저작권법에 의하여 한국 내에서 보호를 받는 저작물이므로
무단 전재와 무단 복제를 금합니다.

❷Communication
마법의 심리 테스트

3판 1쇄 발행 2010년 8월 20일 **3판 2쇄 발행** 2010년 9월 10일
지은이 나카지마 마스미 **옮긴이** 명성현 **펴낸이** 임요병 **디자인** 이준정
펴낸곳 (주)이젠미디어 **등록** 1992년 5월 21일 제4-177호
주소 서울시 마포구 서교동 447-5 풍성빌딩 2층
전화 02-324-4001 **팩스** 02-324-4002
e-mail editor@ezenmedia.co.kr   **값** 8,000원
ISBN 978-89-89006-42-8 14180   **한국어 판권** ⓒ (주)이젠미디어, 2006
※ 잘못 만들어진 책은 구입하신 서점에서 교환해 드립니다.